DURCHSCHAU
DICH

元ドイツ情報局員が明かす

心を見透かす技術

レオ・マルティン［著］
シドラ房子［訳］

阪急コミュニケーションズ

こんなことがあなたの身に起こったらどうだろう。

ドアチャイムが鳴ったので出てみると、見たこともない男性が立っている。

そしてろくに説明もなく、

「一ヵ月か二ヵ月、アパートの一角を貸してもらいたい」と願い出る。

冗談を言っているとは思えない。それどころか深刻そのものの表情だ。

「自分は情報局の者だが、ターゲットを監視するために、あなたの住まいを使わせてもらう以外に方法がない」と言われたら、あなたはどうする?

Ich durchschau Dich! by Leo Martin

Published by arrangement through Meike Marx Literary Agency, Japan

Contents

元ドイツ情報局員が明かす心を見透かす技術

目次

Chapter 3 カップの件——85

Chapter 4

代替プランのためのA人材——131

Chapter 5

覆面捜査員ティホフ——159

装丁　萩原弦一郎（デジカル）
校正　鷗来堂
DTP　デジカル

はじめに

レオ・マルティンというのは僕の本名ではない。僕はドイツ連邦情報局に約十年間勤務し、その間にいくつもの作戦に参加したが、そのとき使った複数の偽名の一つだ。

ドイツ連邦情報局とは、いわゆる「諜報機関」である。諜報機関というと、旧ソ連のKGBのような組織を思い浮かべる人も多いかもしれない。KGBは国家の最高権力を握って、全国をくまなく支配する組織だが、ドイツ連邦情報局はそれとは違い、麻薬密売組織や窃盗グループなど、ドイツ社会や市民を脅かす犯罪組織の解明を専門とする国家機関である。

僕のそこでの任務は、情報提供者、つまりスパイをスカウトすることだった。僕のターゲットは、犯罪組織の一員であり、組織内の極秘の情報を入手できる立場にある人々だ。こうした情報提供者を新聞広告で募るわけにはいかない。また路上で気軽に声をかけて「ねえ、武器を密輸しているらしいけど、ボスの名前と武器の隠し場所を教えてくれないかな」と訊くわけにもいかない。

連邦情報局に勤務中の十年間に、僕は多数の情報提供者を獲得した。犯罪組織に属する彼らは、本来なら極秘の内部情報を漏らすどころか僕と口をきくことすら考えられない人たちだ。それなのに、自らすすんで僕に情報を与えてくれた。連邦情報局のためとか愛国心からとかではない。ひとえに僕のためなのだ。それはなぜかというと、短時間で相手の信頼を勝ち取る秘訣を僕が知っているからだ。これについては第一作目「元ドイツ情報局員が明かす心に入り込む技術」で、数多くのアドヴァイスを提供した。本書ではさらに一歩進んで、相手の性質や好みを素早く読み取る技術を伝授したい。これらを身につければ、あなたは実にうまく人々と付き合えるようになる。どんな状況でも相手が誰であっても、もう怖いものなしだ。

連邦情報局には厳格に規定された守秘義務がある。たとえば実名、秘密作戦行動の実例、諜報機関の極秘の戦略について部外者に語ることは禁止されている。ただし、口外しても構わない領域がかなりある。たとえば、情報局心理学や審問方法教育についてなどだ。さらにグレーゾーンがあって、この部分については本書でも明かすので、スリルたっぷりのはず。楽しみながら読み、実践して、人間関係構築の名人になろう。

Chapter 1

人間についての洞察力
——情報員の生命保険

人間についての洞察力とは、相手の心を的確に読む能力のことだ。時には一瞬のうちに判断しなければならないこともある。もしかすると、相手は発砲するかもしれないのだから……。日常生活で周りの人たちの心を読める人のみが、緊迫した状況にあっても適切に行動することができる。

人間関係がうまくいかない理由として圧倒的に多いのは、各人が自分の視点に基づいて考え、行動している、という単純なことだ。相手も自分と同じように物事を見ていると思い込んでしまう。それではうまくいくはずがないことは、ちょっと考えれば誰にでもわかるだろう。

そこで質問だ。あなたは、他の人たちはどのように考え行動すると思っているだろうか。また、あなた自身は、どのように考え行動する？　もしかすると、みんなも自分と同じように考えて同じように行動する、と思っているのではないだろうか。そして、考え方や行動の仕方が自分と違う人は、ちょっと変わり者と受け止める、ということはないだろうか。僕と協力関係にあるロシア人V人材（情報提供者）のティホフなら、「あのバカ」と言うだろう。

けれども、仮にあなたが相手を変わり者と思うなら、相手だってあなたのことを変わり者と思うのではないだろうか。それではここで、本当に一人ひとりみんな感じ方が違うのだ、と受け止めてみよう。これは、考えるだけでもぞっとするようなことだろうか。それとも、わくわくする出会いを可能にしてくれる、面白い考え方か。実際には、考え方や行動の仕方は人それぞれ違っていることを配慮しなければ、失望や不満を感じ、怒りや不信感を抱くことになる。だが、幸いなことに、違う部分もあれば、似ている部分もある。ポイントは、相手の心をなるべく迅速に読み取って共通のリズムを見出すことにある。もちろんそれをずっと共有するわけではない。相手との間に信頼関係ができるまででいい。ここまで来れば、リズムを変えてもちょっとした不調和があっても関係は壊れない。

二作目である本書においても、あなたは僕と一緒にミッションを遂行する。『元ドイツ情報局員が明かす心に入り込む技術』を読んで下さった方なら、やり方はもうご存じだと思う。読んでいない？　それならぜひ読んでほしい。といっても、それは今回のミッションの前提ではないので、読んでいなくても僕と一緒に強力なチームを組めるだろう。情報員としてのあなたの能力をさらに磨くために、人間についての洞察力というテーマの基礎的な解読コードを本書でいくつか明かす。これらの情報によって、あなたが周囲の人々を見る目が大きく変わるということを頭に入れておいてほしい。あなたの行動も、周囲の人々の行動も変化する。情報員が訪れれば、世界が変わるのだ――全体的にも、個々をとっても。本書では情報員のドイツ語の男性形〈Agent〉を何度も使ったが、これは口実だと思ってくれればいい。女性情報員や女性の読者が持つすばらしい能力については、もちろん僕もよく知っている。

相手の心が読めると、次のような利点がある。

- ✓相手に対する自分の影響力が増す。
- ✓周囲の人々や状況を素早く、しかも正しく理解できる。
- ✓障害物の存在に早く気づくので、それを避けたり取り除いたりすることができる。
- ✓人とのコミュニケーションがうまくなる。
- ✓誤解を回避して、相手をネガティブに驚かしたり失望させたりすることがなくなる。
- ✓目標に達するまでのスピードがアップし、苦労も減る。
- ✓人生が楽しくなる。

人間についての洞察力は、情報員にとっての重要な前提だ。秘密作戦を遂行する情報員は、V人材やターゲットの人物はもちろんのこと、相手が上司や同僚であったとしても、微妙な状況になったときにどのような行動に出るか、予測する必要がある。情報員が人間についての洞察力を持っているかどうかで、人命までが左右される。この洞察力は、経験や直感だけによるものではない。人間の思考パターンと行動パターンに対する深い理解が土台となっている。この二つを、これから密出入国や人身売買を行う犯罪者の世界で、ある事件とともに身につける。

といっても心配には及ばない。下準備なしに犯罪者の巣窟にあなたを送り込むわけではないのだから。本書のトレーニングには『情報員マニュアル』という理論編があって、難しい課題を克服して次のミッションに進むために知るべき知識をすべて得ることができる。

人間についての洞察力というテーマは、人間そのものと同じくらい長い歴史を持つ。一九五〇年代からは諜報機関内外の科学者が、人の個性を極めて細かく識別するための実験を行ってきた。その方法の質はさまざまだが、こうした科学モデルには、文化史モデルと違って統計評価のためのデータが豊富にあって、実験の過程で対象を評価することがない。淡々と説明し、あるがままに描写する。善い悪い、ポジティブとネガティブ、正と誤などに分類することはない。本書に出てくる情報員マニュアルのモデルも、そうした分類を意識的に避けている。

けれどもこれら近代モデルの中にも、小さな欠点があるものもある。それは、細分化が進み過ぎたために、分析内容を言葉で詳細に記述しなければならず、また専門家による科学的評価を要するので、日常生活の役には立たないことだ。潜入捜査に携わる情報員には使い物にならないし、サッカーチームのコーチ、外回りのセールスマン、チームのリーダー、複数の子供を持つ母親、そしてミッションを遂行するあなたにとっても用をなさない。

ちょっと想像してみてほしい。初めて出会う人の好みや習慣や能力について知るために、十ページもあるアンケートに答えてくれと頼まなければならないとしたら、どうだろうか。もしくは初めて会った人を、心の中で十五個以上の基準によって分類しなければならないとしたら？

僕らの頭はすぐにいっぱいになってしまう。目の前の人物は、たくさんのタイプのうちのいったいどれに属するのか、相手の言葉や態度に自分はどうやって反応すればいいのか、といったことをいっぺんに考えなければいけないからだ。

本書では、情報員マニュアルの項でいくつかのモデルを説明している。それらを理解すれば、相手の心を読み、目的に即して相手と付き合うコツが身につくだろう。

V人材との面談＝情報の吸い上げ――お決まりの仕事？

ミュンヘン　木曜日 9/2　午後二時五分

その日は午後二時半にV人材のティホフと会う約束になっていた。ホーム（情報局のことを内部ではこう呼んでいる）を出ようとした矢先にノックの音がして、分析員の同僚ザビーネが部屋に入ってきた。

「レオ、見せるものがあるの」

と言って書類ケースをデスクに置く。思わずほっとした。黒の書類ケースだったからだ。赤ではない。黒の書類ケースならば、用事が終わってから読めばいい。予定を変更する必要はない。

「これからV人材との約束があってね。すぐ行かなくちゃならない」

「わかった。じゃ、その後で」

「楽しみにしてるよ」

僕がにやりと笑うと、ザビーネも笑みを返した。ザビーネとは数年前からチームを組んでいて、ちょっとした表情や合図だけで理解し合えるようになっていた。


情報員は、定期的に、毎回場所を変えてV人材に会う。待ち合わせ場所を電話で話し合うことはない。「この前、男の子がアイスを落っことした場所」「前回会ったとき君が車から降りた場所」「プレートが積まれているホール前」などといった表現を使って待ち合わせる。

これは、防諜まっさかりの時代の名残だ。当時は盗聴される恐れなしに電話をかけられなかったので、場所を明言することはできなかった。当時必須だったこの予防策は、防諜対策の一環として今も続けられている。V人材ティホフが活動する犯罪組織の世界では、そうした予防策は特に必要というわけではない。僕がティホフをスパイとしてスカウトしたとき、彼はカネの運び屋としてあるロシアマフィアで暗躍していた。その他にもいろいろな仕事に手を染めていたようだ。ここ数カ月間の彼の働きぶりには目覚ましいものがある。今では彼は僕の右腕だが、彼がそれを知ることはない。あふれ出る情報源。情報局内部では、「秘密兵器」と呼ばれることもある。

ティホフは利口なうえに柔軟で冷静かつ抜け目がない。ちょっと厚かましいところもあるが、人を惹きつける魅力が備わっている。犯罪組織に属する人間はとかく無感情になってしまうことが多いが、彼はそうではない。もしかすると慢性疾患を持つ息子がいるからかもしれない。息子は母親と一緒にロシアのヴォルガ河畔の町カザンに住んでいる。子供の不治の病といった過酷な運命は、考え方や行動に大きな影響を与える。

ティホフにはずば抜けた観察力がある。彼がもたらした細部まで精確な情報のおかげで、情報局が大きな収穫を得たことはこれまで何度もある。といっても、彼は自分のもたらした成果についてはほんの一部しか知らない。僕が彼のすべてを知らないように。これについては長短両面がある。ティホフが腹を割って何でも話してくれれば助かるといえば助かる。だが、現実にはそうはいかない。優れたV人材は、そのかたわら、他のビジネスにも手を染めているものだ。常にビジネスを通して人々と交流している人間でなければ、犯罪組織で重要な情報を得ることはできない。

ティホフの正体を知る人間は五人しかいない。ティホフの「肩を叩いた」のはザビーネだ。「肩を叩いた」というのは情報局用語で、犯罪界のある人物にV人材としての潜在能力を見て、スカウトしたらどうかと提案することだ。ザビーネは勘がよくて、これまで何度も当たりを出している。ティホフをスカウトしたのは僕だった。ザビーネと僕の他には、僕らの上司と作戦実行安全課の二人の同僚がティホフの正体を知っている。情報局の他の仲間はティホフという偽名しか知らない。僕らと密に協力し合っている同僚ですら、それ以上は知らない。これもV人材の身を守るための安全策なのだ。情報源を明かさないことが情報局の鉄則。僕ら情報局員のバイブルと言っていいかもしれない。ティホフの側も、僕らに協力していることを極秘にしなくてはならない。妻にも恋人にも親友にも明かしてはならない。彼自身の身を守るためだ。たとえ彼が情報局との関係を漏らすようなことがあっても、こちらはそんな人間は知らないと主張する。彼の言うことを信じる人はまずいないだろう。優秀なV人材は問題を起こさない。それがV人材の生命保険であり、人間についての洞察力がその土台となっている。陰で情報局に協力していることが組織内でバレれば、彼だってただでは済まない。経済的な生活基盤と社会環境を失うばかりではない。生命すら危険に晒される。

最初の手がかり――恐怖のにおい

午後二時三十分、黒のBMWでティホフを拾う。窓ガラスにはスモークフィルムが貼ってある。

「やあ、レオ」

ロシア訛りの発音でティホフが言うと、

「セ《や》ルヴ《ぁ》ス」

と僕は応えた。

ティホフがいつものように夕バコを取り出したので、「十五分くらい吸わずにいられるよな」と僕は言った。これもお決まりの台詞だ。

にやりと口元を歪めてティホフが夕バコを箱に戻す。今日は機嫌がいい。落ち込んでいることもよくあって、そんなときは面談がとてもやりにくい。けれども、機嫌がいいときには立て板に水のごとしで、僕が知りたいことをいろいろ話してくれるのはいいが、聞きたくないことも聞かされる羽目になる。これまでの経験からわかったのだが、彼が話すときは行間に真珠のように貴重な情報が隠されていることがある。それが彼のやり方だ。〈真珠〉をシルバートレイに載せて供してくれるわけではない。なぜなら、僕がどこで〈真珠〉を見つけるか、わからないことも多いのだから。そのため、環状道路を西に向かって車を走らせながら、僕はティホフの話に注意深く耳を傾ける。ティホフと話をするときは、彼の仲間がいる可能性のない場所に行く。ミュンヘン郊外が多い。雨天のときは車内で話すが、マクドナルドでコーヒーを飲みながらとか、近くを散歩しながらのこともある。

情報の吸い上げのための面談は、通常だいたい一時間ないし一時間半くらいかかる。目的は裏の世界の最新情報を得ること。誰がいつ、誰とどんなビジネスをしているか。周囲で新しい動きがあるか。噂は？　どのような傾向や風潮があるか。面談で得た情報はすべて、ザビーネに分析調査してもらうが、意味を持たないものも多い。それでも十に一つくらいは重要な情報が混じっているものだ。

だが、今日はどうやら空振りに終わりそうだ。高速道路で二十キロの距離を走る間じゅう、ティホフは意味のないことをしゃべり続けていた。初めて行ったレストランのことを話し始めて、粉のように細かく挽かれた濃いグリーンのペッパー粒のことやメインディッシュの内容を説明し、さらにウエイトレスが履いていた黒いストッキングの柄まで描写してみせた。ティホフの話がこのように細部に迷い込むたびに、僕の心の内に焦りのようなものが湧いてくる。なぜいつまでも無駄話をしているのか、と。何のためにこうして会うのか、僕の興味はどこにあるか、彼だってもうわかっているはずなのに。だが、彼のおしゃべりは延々と続く。カーナビを混乱させるために通ったことのない抜け道をいろいろ試したことから、そんな夜更けに走っている車種にまで話は及ぶ。

「インゴルシュタットではな、アウディがすげえたくさん走ってたぜ」

「へえ、ほんと？」

ストップをかけたいのをじっとこらえてティホフの話に耳を傾ける。それにしても彼の観察眼の鋭さには驚くべきものがある、と内心感心しながらイライラを抑えた。そうやって話を聞きながら、二メートルくらいあるトウモロコシが林立する畑の間の農道に車を止める。豊かに実ったトウモロコシの雌しべが茶色くなっているのを見て、夏も終わりに近づいているんだなと思ったころ、ティホフは新しい彼女のことを話し始めた。

「だけど君にはすでに三人いるじゃないか」

「別に決まった相手ってわけじゃない」

「そんな状態でよく神経が参らないな」

本当に不思議に思う。

「なあレオ、人生ってのは波瀾がいっぱいなんだぜ」

「それはいいけど、君の付き合ってる彼女たちの一人がいつか大騒ぎするんじゃないか。君の息子の母親とかさ」

僕がからかうと、ティホフはにやりと笑みを浮かべた。

「あれは遠くにいるからな。それに俺はいっつもついてるんだ。昨日だって運がよかった」

「少し歩こう」と僕は持ちかけた。

後にこの日の会話を思い起こしたとき、ここで質問を入れるべきだったなと反省した。それをしなかったのは、最新情報を得るのが僕の目的なのに、ティホフに個人的なことがらをさらに微に入り細を穿ってまくしたてられて、肝心な情報がそこに埋もれてしまうのを恐れていたからだと思う。僕もここ数年で忍耐力を身につけたが、それでも意味のない出来事をこまごまと説明されると、じっと聞いているのが辛い。これが任務に関連した内容であれば、いくら聞いても聞き足りないくらいだ。けれどもゲオルク通りの信号とベオグラード通りの信号で待ち時間がどのくらい違うか、といったことはそれに入らない。赤毛の超美人をBMWZ3の助手席に乗せたというエピソードもだ。

「俺が車ん中でタバコを吸うのが嫌だから散歩しようって言うんだろ。公用車のくせしてよぉ」

ティホフは車から降りると、若いトウモロコシの軸穂を手で試すように下に押してから、タバコに火をつけた。僕らは歩き出した。ティホフはやっと僕が聞きたかったことに話を向ける。彼の属するベルリンのグループにサンクトペテルブルク出身の男が加わったという。その男はオレグという名の奴としじゅう電話連絡を取り合って、何らかの指示を受けたらしい。内容についてはまだわからないが、きな臭いものがある、とティホフは言う。

「説明できないんだけどな、感じるんだよ。だから様子を見たい」

「他には何かあったか？」

ティホフの情報は具体性にやや欠けているが、それは問題にならない。次のときかそのまた次のときにもっと詳しいことがわかるかもしれない。一カ月後ということもある。情報員の日常業務はこんなものだ。ティホフには驚かされることが多い。それに彼の勘はすごくよく当たる。これまでにも彼の鋭い鼻のおかげで事件を早期に嗅ぎつけたことが何度かある。

現在進行中の案件に一通り触れて車に戻ると、僕は話をプライベートに向けた。今回の情報の吸い上げは終わりだ。

「今日はこれからどうするの？」と僕は訊いた。

「ヴァシリでビールを一杯やる」

「中央駅そばの賭博場だな。最近よくあそこに入り浸ってるようだけど」

「賭博場じゃねぇよ。一流のカジノ」ティホフが目くじらを立てる。「それであそこにソフィアがいるときは……」と言いながら舌を鳴らした。

「へえ。新しい彼女、ソフィアっていうのか」

「いい女なんだぜ」

さっきの話はどうやらここにつながるらしい。

「だからって彼女のために有り金すべてすらないようにしろよ」

「すってやしないさ。持ち込むカネより持ち帰るカネの方が多いんだぜ」

「え？」

「ビュレントって知ってるか？」

「バス会社の社長か。その……一流カジノの隣の」

ティホフは頷く。

「やつはあそこの常連客でな。デトモルトまで客を乗せて行く気はないかって訊いてきた。乗客二人だからバスじゃ割が合わないらしい。百五十ユーロでどうかと言うから、冗談じゃねぇって言い返してやった。だってなぁ、ガソリン代だけで三百ユーロかかるんだぜ。千ユーロよこせと言ったんだが、八百に値切られた」

ティホフはさも得意そうに五十ユーロ札の束を僕の顔の前でひらひらさせた。

「人を二人デトモルトに運ぶ報酬としてビュレントは八百ユーロを払ったのか？」

ちょっと驚きだった。

「九百だ。俺は優秀な運転手だからな」

「それには同感だ」

「その二人、ずいぶん変だった」

「外国人か？」

「ああ。イランとかイラクとか、そのあたりじゃないかな。言葉はまるっきし理解できなかった」

「どうやって意思疎通したんだい？」

「そんなもん、してないよ。デトモルトの住所を書いたメモをビュレントから渡された。おまえ、デトモルトに行ったことあるか？　あそこにはな……」

ティホフの話を僕は遮った。州立劇場で催される『白鳥の湖』公演のポスターを見て、どうしても町に戻ってバレエを見なくては気が済まなくなり、一過性ではあるけれどバレエと文化に夢中になった顛末をこまごまと描写されてはたまらない。ティホフの場合、重要なことがらに完全に集中することは少なく、細部に迷い込んでしまうことの方が遥かに多い。彼の精神状態や体調のせいか、それともテーマによるのか。疲れているときや神経を高ぶらせているとき、彼のドイツ語はかなり怪しくなるし口数も減る。理解しようという意思がないのではないかと思ってしまう。

「二人の年齢は？」

「一人は俺より若かった。二十三か二十五か。もう一人は三十前後」

「つまり君と同じくらいだな」

「だけどほんとに変だったぜ。とんぼ返りする予定だったから、かなり飛ばしたんだけど、あいつら目をまん丸くしてさぁ」

ティホフは青い目をいっぱいに見開く。目玉が落ちるんじゃないかと思うほどに。

「ゲロなんか吐かれちゃたまんねぇから、スピード落としたよ。時速二百キロ以下にな」

「それじゃノロノロ運転もいいとこだな」

僕は頷いて同情を示した。

ティホフはにんまりとした。こんな話があったのに、なぜこれまで黙っていたんだろう。

「パトカーのすぐ後ろを走ったことがあってな、そんときは二人とも汗だくでさぁ。服なんかもぐしょぐしょ。顔まっ赤にしてさ。特に年上の奴がすげぇの。で、用足ししたいって言い出したんだけど、あれはパトカーから離れたかったんだな。駐車場に車を止めたから、また時間のロスだぜ。デトモルトに入って信号で止まったら、横にたまたまパトカーがいてな。またしても滝のような汗。そんで臭いのなんのって。あのなぁ、レオ、あれ、恐怖のにおいだったぜ」

ティホフは小鼻を膨らます。それから憤慨して「あのときはわからなかった」と言った。

彼の憤慨がどの程度本心からなのかは判断できない。わかっているのは、彼がこの話をすぐにしなかったのは後ろめたさがあったせいだということだ。僕があることをすでに知っているかどうか、彼にはわからない。しかし、犯罪行為が警察に見つかれば――この場合は二人の不法入国者もしくは麻薬の運び屋の類いを乗せているにすぎないにしても、これがバレれば、その結果を背負って生きなくてはならないことは、彼も知っている。僕が彼に手を貸すことはない。そうすれば彼がV人材であることが表沙汰になってしまう。いや、それだけではない。彼がそのような危険な行為を独断で行えば、こちらの作戦行動を危険に晒しかねない。危険とまではいかなくても、任務がやりにくくなる。

「ビュレントには言ったのか?」と僕は訊いた。

ティホフは息を荒らげる。

「言ってやったさ。おい、なめんじゃねぇよ。ヤバい連中よこしやがって。てめぇのせいでサツと揉めるところだったんだぞ。この借りはいつか返してやるからなってな。ビュレントの答えはこうだ。『あんたは高い報酬を受け取ったじゃないか』……」

ティホフはロシア語で粗野な悪態を吐いたが、それは訳さない方がよさそうだ。

「なあレオ、これが俺の言語なのさ。おまえも少しは覚えろよ」

ティホフの機嫌がぱっと元に戻った。悪態の効果だろうか。僕はおそらく彼が思いもしないところまで理解したのだが、そのことを知らせるつもりはない。それに、彼の吐いた悪態はまだ序の口だ。

ティホフは僕の肩をぱんぱんと叩いた。

「もういいんだ。いい稼ぎだったからな。ビュレントの奴、後から特別手当をよこしたよ」

「グッド・ビジネスだね」

ほんとによかった。うまくいって。

「ダー」ティホフはロシア語の「イエス」で応じた。

情報員マニュアルより

ルーペタイプ？　それとも広角レンズタイプ？

ティホフは恐怖のにおいやウエイトレスが履いていたストッキングの柄を精確に報告した。彼はルーペタイプなのだ。彼の注意は細部に向けられることが多く、そのためＶ人材にうってつけといえる。状況によっては彼も全体像を把握できるが、その機会は少ない。つまり彼は二つの重要な性質を持つ。一つは細部の観察、もう一つは全体把握。一方が優れていてもう一方は劣るといった上下関係はない。全体像を把握することが重要な瞬間もあれば、逆に細部が意味を持つ瞬間もある。

誰もがケースバイケースで判断している。今この瞬間に大事なのは何か。これがその人の現実であり、正しいも誤りもない。そのときその状況で何らかの性質が支配的になる、つまり人の性質と状況によって行動の仕方が変わってくることを、情報員である僕らは知っておく必要がある。相手のそのときの傾向を判断できれば、それに合わせて行動できるので、ミッションを成功させやすくなる。

相手は期待しているものを受け取れば、理解されているな、厚遇されているな、という印象を持つ。これならば相手の心の扉が閉じることはないから、こちらの提案やアドバイスを受け入れてくれる。

人間についての洞察力を伝授するために、本書でいくつかのモデルを紹介するが、それらは情報局の任務で最も役立ったものの中から選んである。情報員は、情報獲得の名人だ。それは何も秘密捜査に限らず、情報を評価する方法や技術にもいえるし、心理学の常套手段についてもいえる。といっても、一から始める必要はないし、人間の行動に関する数限りないモデルの細かい部分にいちいちこだわることもない。日常生活の役に立つ実用的なアプローチだけに限定したい。ここではあらゆる材料が使える。すでに実証済みのものでも新しいものでも構わない。要は相手の心をもっと上手に読めるようになることだ。

人の行動のさまざまな側面を解釈することができなければ、判断を誤ることが多くなる。また、相手に理解してもらえない、いやそれどころか失礼な扱いを受けたり個人的に攻撃されたりすることすらある。そうなると嫌な気分になるし、腹も立つ。その原因は、相手が自分とは違うリズムで考え行動していることにある。それでは、相手は正しくないのだろうか？　そうではない。誰もが自分に都合のいいように考え、行動しているのだから。だったら他の人に対しても、もう少し寛大であっていいのではないか。いずれにせよ情報員は知っている。人はみな、それぞれ自分の現実の中で生きていることを。

ただし、課長や主任の中にはそのことを知らない人もいる。

課長クリスティアンが主任のアニータに、ある企画の進捗状況を手短かに報告するよう頼んだ。

アニータ主任は、「予定通りに進行しています」とだけ言うと、すぐにも課長室を去ろうとする。予定通りの進行を維持するためだ。他に報告することもあるまい。

ところが、課長はもっと詳しく知りたい。

「予定通りと言うが、どんな具合なのかね？」

そこでアニータ主任はやや苛立った口調で説明する。

「下請け会社が期限内に納品しましたので、これから作業に立ち会いませんと……」

「そう、それで？」

空気が怪しくなってきた。課長はいったい何を知りたがっているのか、アニータにはわからない。仕事は順調に進んでいるとはっきり報告したではないか。自分を信用していないのだろうか。チームを組み替えて、現在のリーダー格二人を別のチームに移そうとしているという噂は本当なのだろうか。なぜ課長は私に反感を持っているの？

課長は課長で、アニータ主任が自分に何を隠そうとしているのか腑に落ちない。課長は進捗状況をもっと詳しく知りたい。どの企業がいつ納入したのか。製品が届いたときの状態はどうだったか。残業もあるのだろうか。ラップフィルムの問題は解決したのだろうか。こうしたことを一切報告しないということは、企画がうまくいっていないのでは……？

相手が何を期待しているか、相手がどんなタイプの人間かがわかれば、腹を立てずに済むことは多い。細部を把握したいタイプかそれとも概観したいタイプか。それは職場に限らずプライベートにも使える。

リザとロビンは少し前から一緒に住み始め、お披露目パーティを開くことにした。ところが、その準備のことで初めて深刻な喧嘩になった。リザは細かいところまできっちりと計画を立てたい。買い物リストを作り、調理の進行表を書き、飾りつけのどれを何色にするか決め、招待状を万年筆で書くかそれともワープロソフトで作成するかを相談する。

ロビンはそんなのくだらないと言って取り合わない。「何人招待するかを決めて、ドリンクが足りなくならないように用意すれば十分じゃないか」と。

このケースではいくつかの可能性がある。一つは、互いに理解しようとせず、そっちが間違っていると責め合ってどちらも孤立してしまい、とても不幸な気持ちになる。もう一つは、相手が自分と違うことを受け入れてチームを組む。

この場合、二人ともが自分と相手の好みや強みを意識していれば、それをパーティの成功にうまく使うことができる。チームを組んで任務に当たるときにもそれはいえる。そのため、新入社員を採用するときは、その人が細部に気を配るタイプかそれとも概観するタイプか、まず見極める必要がある。あなたは情報員なので、相手から必要な情報を引き出すコツを知っている。状況や物事の経過や体験などを話すとき、相手がどのような言葉を選んでどのように描写するかに気をつける。もしかすると、本人も自分がルーペタイプなのか広角レンズタイプなのか知らないかもしれない。そして、それをあなたはもう知っている。もちろんあなた自身がどちらのタイプかも知っている。欠如している部分があるとすれば、それがその人にとっての可能性だということがわかる。あの人が違っているのは、彼がそういう人だから。だからそのまま受け入れる。彼女があゝいう行動を取るのは彼女がそういう人だから。そう、そのように受け入れるのが最良の方法。

ルーペと広角レンズの両方を身につけていて、必要に応じて適度に使い分けている人が多い。それでも注意深く観察すれば、細部派か全体像派か、どちらかの傾向が際立っているものだ。自分自身のことを、あなたはどのくらい知っている？　あなたはどのようなときに細部に気を配り、またどのようなときに全体像を重視するだろうか。

ここで、僕と一緒にこれからある事件を体験すると想像してみてほしい。いや、その前に、重要な基準となるポイントを説明した方がいいだろうか。それとも事の始まりから、つまりティホフが二人の男をデトモルトまで車で運んだときのことから始めようか。

一つひとつの出来事をまずリストアップしてからでないと全体像を認識できないという人もいる。そういう人は、森を把握するために、まず枝から幹へ、それから一本一本の樹木を細かく観察する。別のタイプの人は、最初に全体像を認識してから細部に注意を払う。つまりまず森を認識して、それからその中に木々が生えていることに気づく。さらに木々には幹があってそこから枝が出ていることに気づく。

あなたはパソコンショップの店員で、ノートパソコンを客に売りたいとしよう。いま相手にしている客が興味を持たないのに、ハードディスクやメモリの容量を説明しても意味はあるまい。客が知りたいのは、パソコンをテレビに接続できるかどうかという点だけのこともある。相手の意向がはっきりしない場合は、誤りを犯さないために次のように訊くといい。

「製品を全体的にご説明しましょうか？　それとも特にお知りになりたい点はございますか？」

ほとんどの人は、細部か全体像か、どちらか一方を話題にする傾向を持つ。情報員は、いつどちらがふさわしいかを感じ取る能力を徐々に身につける。

どちらの傾向が支配的かという相手の基本的性向を読み取れば、どのように話を向けたらいいかというおおよその方向がわかる。つまり、相手を予測できる。

ただし、大ざっぱな判断に陥らないように注意すること。相手がこの瞬間に、この件に関して、細部を知りたいか全体像をつかみたいかを判断するように努める。この人はiPadの詳しい技術仕様やメーカー情報、アフターサービス、保証といったことについてこの場でこまごまとしたことを知りたいのか、それともさっさと支払って店を後にしたいのか。店員が製品のあらゆる点を調査して十分な情報を仕入れるよう心がけているにもかかわらず、客はさらに再チェックしてから購入するのが一般的だった。だが、近ごろはそうとも限らない。だから情報員は柔軟に対応したい。

ルーペタイプの見分け方

ルーペタイプの人は、個々の物や事象をとらえて、パズルの断片を集めるように少しずつ全体像を作り上げる。一度にすべてを受け止めるのではなく、自分に合った分量ずつにする。個々の情報を通して全体像を描くのだ。だから説明するときは順序よく、一つひとつのことがらを詳しく話す。場所や人の名前に言及して、それらとの関係も隠さずに話す。ここからどのようにして次の状況になったかを説明し、第一に……第二に……第三に……といった具合に順を追って説明することがよくある。そして本題から逸れてしまい、あちこち寄り道しながら語る。

「一昨日のことなんだけど、歯を磨くときに歯磨きが切れているのに気がついて、ストックが一つもなかったからすぐに買わなくちゃならなくなったんだけど、そんなのは初めてだったよ。いずれにせよ、家を出るのがかなり遅くなってしまった。しかも僕は約束の時間に絶対に遅れたくなかった。何週間も前から心待ちにしていたことを思えばわかるだろう。そしたらやっぱり渋滞だ。道路工事であの区間が迂回路になっているから、いつだって渋滞で……」

話の途中で邪魔が入ると、中断した部分の頭に戻ってもう一度説明し直すことになる。何かをアルファベット順に整理するとき、AからRに始めないとRに行きつかないようなものかもしれない。あるいは、あるポピュラーソングや童謡を歌おうとしても、曲の頭からでないと歌えない、というのとも似ている。どこかで一度でも中断すれば、もう一度最初に戻って一つひとつ細かく思い起こしていかないと全体像にたどり着かない。

ルーペタイプが得意とするのは、細心の注意を払って個々のことがらを観察しなければならないような任務である。広角レンズタイプの人ならおそらく気づきもしない細かい部分を。

ルーペタイプはどのように接してもらいたいか

ルーペタイプは、自分の話す内容がきちんと評価されていることを知るための時間を必要とする。話を遮られるのを好まない。何度も遮られると思考プロセスが乱されるので、つっけんどんな反応を示す。ルーペタイプは細部によって全体像を形成するので、細部が重きをなす。

事情を説明するときには、自分が説明してもらいたいような方法でする。ルーペタイプが相手のときは、イライラした気持ちを見せないこと。こちらが無理やり話を核心に向けようとすると、ルーペタイプは何を話すべきかわからなくなってしまう。というのも、自分はまさに核心を話していると考えているからだ。詳述しながら全体像を作り出そうとしている。話が終わらないのではないかと不安になることもない。そうやって語り続けて、あるところまで来ると全体が見える。だから、そこにたどり着くまでの時間を与えればよい。

広角レンズタイプの見分け方

広角レンズタイプは細部を観察する前に全体像をつかみたい。だから細部の説明をこまごまとされると思考プロセスが乱されて、つっけんどんな反応を示す。細部の説明が多すぎると、頭が混乱して話の筋道を見失う。細部を説明されても根底にあるテーマが見えない。ばらばらの話の糸でしかない。

広角レンズタイプは物事をかなり曖昧な表現で説明することもあって、その場合は根底にあるテーマが相手に見えないのだが、なぜ理解してもらえないのかが本人にはわからない。自分の頭の中でははっきりしているからだ。広角レンズタイプは、「一般的には」「全体としてみると」といった表現を好む。本質的なことがらを語り、質問するときも本質をつく答えが返ってくるような問い方をする。また、物事のつながりを重視し、基準となるポイントに注意を向ける。まず支柱を調べてから他の部分に気を配る。新聞も見出しを見ればだいたい全体像がわかる。

広角レンズタイプはどのように接してもらいたいか

このタイプはまず全体を把握したい。簡潔な状況報告を好み、冗長な説明を嫌う。この項もそれに合わせて短くしてある。どうしても必要なとき以外は広角レンズタイプを細部で煩わせないこと。そして、折にふれて全体像を語って広角レンズタイプの心を惹きつけて、よい印象を獲得しよう。

情報員適性テスト

あなたは自分をどのくらい知っている？

自分自身をよく知れば知るほど、人の心を読むのが易しくなる。あなたはどちらのタイプ？ ルーペと広角レンズ、どちらの性質があなたの中で支配的？ 細部が重要になるのはどのような状況のとき？　全体像の方を知りたいのはどのようなテーマのとき？

広角レンズタイプの情報員の任務

1. 細部志向の人を周囲に見つける。
人々の話し方に注意深く耳を傾けて、細部志向の人を見分けよう。テレビ番組でもいい。インタビューなどで自由に話すのを聞けば、その人の思考法がよくわかる。

2. 練習として、その人の性質にできるだけぴったりと合わせた行動を取ってみよう。相手が心地よく感じるような環境となるように心がける。退屈やイライラは見せないこと。そしていつも細心の注意を払って聞く。相手の話のそこかしこに〈真珠〉が潜んでいるからだ。そして、あなた自身も細部を語ることを忘れないように。全体像に終始してしまい、具体性に欠けるという印象を相手に与えないように特に注意したい。相手に対してすべてオープンに話そうとしているのだから、あなた自身の細部についても語ること。そのうえで会話を自分の持っていきたい方向へとリードする。

ルーペタイプの情報員の任務

1. 全体像志向の人を周囲に見つける。
人々の話し方に注意深く耳を傾けて、全体像志向の人を見分けよう。テレビ番組でもいい。インタビューなどで自由に話すのを聞けば、その人の思考法がよくわかる。

2. 練習として、その人の性質にできるだけぴったりと合わせた行動を取ってみよう。相手が心地よく感じるような環境となるように心がける。こまごまとした内容を話したいのを我慢して、ある程度まとまった内容を要約し、相手がその部分を概観できるようにしてあげる。目標に必ず到達すると時々口にして、相手の心を惹きつけよう。この確実さが相手には必要だ。でないと樹木が立ち並ぶ森で迷子になってしまう。

特別ミッション

情報員は、どちらの方法も自由に使いこなす。自分の立場を知っており、相手の心を読むことができる。だから、相手がこちらに来るのを待つのではなく、相手の場所まで行って相手と接触すること。そうすれば、相手があなたの選んだ方向に進むのが確認できる。ゲームをしかけるのは情報員で、他の人はあなたのゲームに加わるのだということを憶えておこう。

自分の個性の発展ばかりでなく、他の人たちの個性の発展も見守ること。人々にとって最良のものは何かを推測して、彼らの潜在能力の開花に手を貸してあげよう。

このミッションを遂行したら、次の書類ケースがあなたを待っている。それは黒かもしれないし、最優先を意味する赤の書類ケースかもしれない。そこには人の行動の特徴やさまざまなパターンについての新しい情報が詰まっているのだ。

Chapter 2

ヴェールでうまく隠せば、半分成功

情報局本部

金曜日
9/3
午前八時四十五分

ビュレントという人物は、情報局に一度マークされていた。「バス会社サライ」というキーワードでザビーネが検索すると、八カ月前の記録が出てきた。

「それと二年前にも、この男が外国人を不法入国させているのではないかという疑いがあったわ」

「それで？」

「噂だけで、はっきりしなかったの。つまり情報源から指摘があったけど、確認はできなかった」

人身売買の疑いがあれば、それがどれほどわずかなものでも徹底的に調査するはずだ。僕は訊いた。

「どんな情報が出てきたの？」

ザビーネは肩をすくめる。

「何人もの同僚に訊いたんだけど、何も出てこなかったんですって。当初の疑惑から一歩も進まず。違法らしきものはなし」

「君はどう思う?」

「これで三度目よね、ビュレントが怪しいっていう指摘。いずれにせよもう一度洗い直すしかないでしょうね」

「うん。偶然ってことはないからな」

ザビーネは、デスク脇の壁にビュレントの写真をピンで留めた。ザビーネは追跡ターゲットをこうして壁に留める。要解決ということだ。彼女にマークされたら、もう勝負はついたようなもの。もっともその人物が怪しいことをしていればの話だが。壁に留めた写真はインスピレーションを与えてくれるの、と彼女は言う。僕がこれを見ると、ターゲットに対する宣戦布告に思えてしまう。あるいはテレビの陳腐なミステリードラマか。もちろん、ザビーネに向かってそんなケチをつけたりはしない。僕らは一人ひとり感じ方が違い、また何がしかの〈儀式〉を持っている。一杯のコーヒーが思考を助けてくれるという人もいる。ザビーネにとっては壁に留めた写真だ。そうした習慣をとやかく言うべきではない。人は歩み慣れた道から外れれば、リズムが狂ってしまう。そうなると思考が乱されて、それまでのように心地よくなくなる。

僕とザビーネはチームを組んですでに長い。ザビーネは分析員、僕はV人材スカウターおよびV人材リーダーとして、抜群のチームワークを誇ってきた。僕らの働きでこれまでいくつもの事件を解決に導いたが、挫折もいくつかあった。僕らのチームに属するのは、他に分析員とV人材リーダーが数人ずつだ。直属の上司は課長で、その上が部長、さらに情報局次長、情報局長と続く。

「ねえ、この案件について上の方にも相談すべきかしら」

ザビーネは僕に質問を投げかけたが、すぐに自分で答えを出した。

「まだ早いわよね。課長に話すのは、もっと情報を得てからだわ。ビュレントの違法行為をはっきりさせるのが先決」

僕も同意見だった。ザビーネは通常の捜査手配を取り、V人材リーダー全員に情報収集任務を与える。該当地域に情報源を持つV人材リーダーは、バス会社とそのオーナーのビュレントに関する情報を密かに集めるよう求められる。密出入国に関しては、ここでは一切触れない。情報源に影響を与えることなく、あらゆる可能性に対してオープンな状態にしておくためだ。


これは捜査の初期段階なので、短期間で解決につながることは期待できない。最初の報告の中には、犯罪と直接関連するものはあるまい。一見しただけで「これだ」と思うような情報があるならば、それはもうとっくに情報局に入ってきているはずなのだ。それでも、パズルを完成するのを手伝ってくれる報告があることは考えられる。

それは、全体像をつかんでこの件に対する感触を得るために欠かせないことなのだ。ビュレントについて、彼の所有する会社について、活動に関わり合っている人々について。何台のバスを所有しているのか。運転手はどんな人々なのか。バスはどのルートを通り、どこで休憩を入れるのか。長く滞在している場所はあるか。また他に変わった点や目につくことはあるか。

こうした報告の約八十パーセントは、ざっと目を通しただけでは意味がなさそうに見える。だが、それは「ざっと目を通しただけ」のことであって、もしかすると今日「些末な周辺事」と評価された情報が、明日には解決の鍵となることだってある。マフィアや人身売買の世界では、完全に意識的に偽装し、嘘をつき、騙す。「うまくヴェールで隠せば、半分成功」というのがこの世界の常套句。だが、情報局では通用しない。「犯罪を犯せば、必ず何らかの痕跡を残す」と僕らは考える。だから、情報を集めるのだ。どんなに些細なことでも構わない。とにかく集めるしかない。

V人材からの最初の情報――犯罪ルート

三日後に情報源デジラからの報告がザビーネの元に届いたとき、この案件は急速に進展しそうに思われた。デジラは実績のある優秀なV人材で、担当者は手練れのV人材リーダー、フィリップだ。デジラは小さなスクラップ置き場を持っていて、注文された車の部品を探し出しては驚くほどの安値で納入していた。新品も中古もあったが、短期間でどんな部品でも見つけるらしい。

デジラは裏の世界とそこで営まれるビジネスに対して魔法の力を持っているらしく、この世界で何がしかの役割を持つ人はみなここを訪れていた。情報局の照準器に入ってきたのもそのためだ。彼が情報局に協力するようになってすでに二年近い。どんな相手でもスカウトできるというわけではないが、こちらが心底望む相手ならば、いずれは理解する。情報局に協力する方が、情報局と敵対するよりも快適だということを。

「それで、何て言ってきたの?」

僕はザビーネに訊いた。ざっとまとめた報告を口頭で聞く方がいい。細かいことを知る必要はない。手っ取り早く全体像をつかみたい。それに調査書類や状況報告書なら毎日十分に読んでいる。そう、覆面捜査と同じくこれも僕の任務の一部だ。秘密作戦行動は、準備段階にかかっているともいえる。準備によって成功か失敗かが決まるからだ。

　ザビーネがデスクに身をかがめる。伝えたいことが胸元に書いてあるから読めと言っているようにも見える。

「デジラの話によると、ビュレントが抱えている運転手の一人が、大麻をトルコからドイツに輸送してもいいって申し出たんですって。バスに隠して陸路で運ぶらしいわ。国境で何かあっても、いろんな乗客を乗せてるから好都合よね。乗客の一人が持ち込んだに決まってるって知らんぷりすればいいもの」

　デジラの報告は事実の可能性はあるが、事実と言い切ることはできない。彼に情報を与えた人物もやはり別の人物から聞いており、この「別の人物」もさらに誰かから聞いたと言ったという。僕らの仕事はこの話の真偽を糺すことだ。犯罪者たちの世界には嘘つきやペテン師やほら吹きがいくらでもいて、彼らは当てずっぽうに何かを言って反応を待つ。稼ぎになるものはないかと目を光らせるのだ。周囲の反応を探るためのこうした企みには、たいていは確実な情報をもたらすV人材でも惑わされることがある。だから、どの報告も検証されるまでは信用するわけにいかない。

ザビーネが黒の書類ケースを僕のデスクに置いた。中には収集した情報が入っている。僕はすぐにケースから書類を出した。ビュレントが得ているカネは犯罪行為によるものだ、とデジラは踏んでいる。観光ビジネスもこれといってあるわけではないし、そもそもバス会社の仕事でそれほど儲かるとは思えない、というのが彼の見解だ。

なるほど、筋は通っている。事務所では六人か七人のいつも同じ顔ぶれの男たちが、毎日、椅子に座って茶を飲んでいる。事務所の椅子は昔は赤や青だったのが、今ではかなり色褪せている。知り合いが多数、事務所に顔を出す。繰り返し立ち寄る人も何人かいる。週に一回ないし二回、イスタンブールからバスが来て、二日か三日してからまたイスタンブールに向けて発つ。それなのにビュレントは湯水のようにカネを遣っている。超高級車を二台所有し、友人たちを貴族のように贅沢な食事に招待し、隣のカジノでギャンブルに興じている。これと同じ評価を、バス会社偵察任務に当たらせた別のV人材も下している。ただし、これは評価や示唆であって、証拠はない。今のところ証拠のかけらすらない。

同僚のフィリップは、イスタンブールにある別のつてを使ってさらにいくつかの情報を仕入れた。それによれば、イスタンブールのタクシム地区の、曲がり角の多い路地の一角にサライ旅行社の事務所がある。かなり薄汚れた感じと描写されている。ドアの上に書かれた社名はところどころ剥げ落ち、応接室の床は砂で汚れているし、テーブル一台と椅子が四脚あるきり。ショーウィンドウの棚は埃をかぶり、パンフレットは色褪せている。

「次はこれ。ちょっと旅行気分ね」

と小声で言って、ザビーネは大きな会議用デスクに、フィリップが収集した写真を並べた。現在ではGoogle EarthやStreet Viewなどのウェブ機能やスマートフォンのおかげで、世界中の調査対象地の写真が、実に辺鄙な場所でさえ数分で手に入る。それに六百万画素のカメラが携帯電話についているので、ちょっとしたスナップ写真でも五年前の最高品質のアナログカメラで撮った写真より画質がよくて役に立つ。建物を正面から写した写真には、路地が奥まで写っている。小さな店が並んでいるが、どれも似たり寄ったりだ。古くて薄汚くて荒廃している。この外見から所得額を推測しようものなら、とんでもない誤りになる。二軒先の銀細工店は年間五百万トルコリラに近い収入があったとフィリップは言う。

「それ、いくらくらいなの？」とザビーネが訊いた。

「二百万ユーロ強」

フィリップが即答する。

「しかもこれ、税務署に申告した売上高だからね」

ザビーネは、サライ旅行社タクシム支店の写真を一枚手に取って、壁にピンで留めた。

「もしかすると、イスタンブールからミュンヘンへというのは、複数のルートの一つかもしれないわね。実際にはネットワークのようなものがあって、いくつもの出発地といくつもの目的地を結んでいるのかも。ドイツに密入国した人たちがここに留まるのかどうかもわからないわよね。最終目的地は他の国かもしれない。オランダとかベルギーとか、あるいはフランスやスペインかもしれない。レオ、どう思う？」

「君のピン、もうすぐ底をつくんじゃないかな」

組織犯罪──現代版奴隷貿易

密出入国斡旋業者とは、金儲けを目的として、法律上の入国制限をかいくぐって人を他の国へ運ぶ犯罪者のことを指す。運ばれるのは、経済的または政治的理由から祖国を去ろうとしている人たちであることが多い。たまたまそういうチャンスがあって出来心で犯罪に手を染めるというケースもあるが、厳格に運営されている犯罪組織も密出入国の斡旋を行っている。密入国する人は、不法入国のために高額の費用を前払いしなければならない。ただし、払えない人も多く、その場合は負債となって、営利団体である斡旋組織に何年にもわたって束縛される。不法入国先で強制的に労働させられ、搾取されることになる。

密出入国斡旋の罪を発端として他の犯罪に手を染めるグループもかなりある。何しろ稼ぎが大きい。事前に資金も要らないし、仲間が数人いれば実行できる。こうして稼いだカネを、武器取引や麻薬密輸といった犯罪に投資する。国家にとっては、背後で糸を引く黒幕、物流、不法入国者集め、搾取などが重大な問題となる。人道にもとるという意見もあるかもしれないが、入国規制は欠かせない。そうでないと社会システムが成り立たなくなってしまう。そのため、どれほどわずかな疑惑でも、生じた疑惑は徹底的に調べ上げて、この方面の活動という活動を萌芽のうちに潰すべきなのだ。

別の紙に、密入国した人たちの運命について書かれている。彼らにとっては、不法入国が犯罪への第一歩となることが多い。なぜなら、たとえ家族や友人の家に住むことができたとしても、仕事を見つけるのはきわめて難しいからだ。合法的な職に就く道はどのみち断たれている。企業はビザがない人間を雇うわけにはいかない。そのため、命をつなぐためのごくわずかなカネにすら窮することになる。他にどうすることもできないから、ふつうの状況なら絶対にしないようなこと、以前なら想像すらできなかった行為に手を出す。こうなると悪循環に陥って、抜け出すことは不可能になる。滞在許可証がないうえに言葉も不自由、家族も友人もおらず、頼る当てもない。異国で天涯孤独の身の上になって、自分を搾取している犯罪組織に脅されるのではないだろうか――こっちの言うとおりにしないと、てめえの家族の面倒を見るぞ、と。「面倒を見る」というのが文字通りの意味でないのは言わずもがなである。

ドイツに不法入国した外国人のすべてが自由意思で来たわけではない。若い女性や少女は、ドイツに行けばこのような生活ができるとうまい話を聞かされて騙されるか、誘拐されて連れて来られることが多い。そして目的地に着いたらパスポートを取り上げられるので、レストランの給仕、ベビーシッター、高齢者の世話といった堅実な仕事はできない。そこで強いられるままに売春をする他なくなる。密入国のために多額の借金をしたからだ。五千ユーロを超えることも珍しくない。この半端ではない金額に利息がつく。堅気の金融会社とそれは変わらない。犯罪組織はさまざまな分野で思いのままにビジネスを営んでいる。やり方は企業と同じで、効果的で効率がいい。

この業種にはいくつものビジネスモデルがあるが、ほとんどのモデルに共通しているのは、ネットワークを作って協働していることだ。その中で各人がそれぞれ得意な仕事を受け持つ。それは、顧客を集めることだったり、ルートを準備することだったり、国境の役人を買収することだったり、密出入国者を連れて監視のない国境地帯を越えることだったりする。他には滞在先を突き止める、パスポートを改変したり偽造パスポートを調達したりといった仕事もある。できるだけ短期間でしかも楽に多額のカネを集めることが目的だ。人道的な根拠が前面に出されることもあるが、それは二次的な役割を果たすにすぎない。それぞれが自分にできるビジネスを営む。そのときそのときで適当なモノを提供してくれる相手と。ネットワークが緻密でしかもしっかりした骨組みができていれば、密出入国の斡旋はスムーズにはかどる。

このビジネスの市場も刻々と変遷している。その大きな原因がシェンゲン協定だ。これはシェンゲン圏内の人と物の行き来を自由にして、シェンゲン圏を囲む境界を共有することを取り決めた、西欧諸国を中心とする協定だが、これによってシェンゲン圏内にバルカン地域から人々を密入国させるビジネスモデルが、大きく変わった。今ではドイツからオーストリアに入るとき、国境でパスポートを見せることはない。パスポート提示を求められた時代はとっくに人々の記憶から消え去った。善良な一般市民にとって移動が快適になったのだが、同時に犯罪組織にも実に好都合な点をもたらした。

貧しい地域の人々の多くは、ヨーロッパを楽園のように考えている。実際に乳と蜜の流れる地を期待している人もいるほどだ。みんなが生きていくのに十分な食物がある平和なところで、何の心配もなく移住できると考えている人は多い。この希望のおかげで密出入国斡旋業者の懐が十分に潤う。彼らは大金を右から左へと転がせばいいだけだ。そのために人々の誤った希望をかき立てる。

しかも、不法移民の多くは、国に残した家族に嘘をついている。豊かなヨーロッパに来たというのに極貧生活を強いられていると認めるのは、恥辱も不名誉も大き過ぎる。選ばれた一人に移住のチャンスを与えるために、親戚一同が乏しい懐からなけなしの金を出し合って高額の旅費を賄ったとすればなおさらだ。何しろヨーロッパへの脱出を果たした者は親戚中の希望の星で、向こうで基盤ができれば残してきた家族に援助してくれるだろうという期待を背負っているのだから。

密出入国斡旋のカタログによると標準タイプとデラックスタイプがあって、保証つき移送なるものは約一万ユーロの費用がかかることもある。これは、目的地に到着するまで何度でも移送を繰り返すサービスだ。だが、到着したからといって幸運が待っているわけではない。いや、ここが真の悲惨の始まりとなることも多い。密入国者はいわば奴隷の境遇に陥り、麻薬の輸送、タバコ密輸、組織的物乞い、売春などをさせられる。そして、法律上は滞在していないことになっている彼らを守ってくれる法律はない。

情報入手――網を張る

その後の数日間に、サライ旅行社関係の新たな情報が、わずかずつではあるが情報局に入ってきた。ザビーネと僕は、一片また一片とパズルをはめ込んでいった。バスのルートは割と早くつかめた。トルコを出発して、ブルガリア、セルビア、クロアチア、オーストリアを通ってドイツに達するらしい。

「バスを検査させたのか?」

とフィリップが訊いた。このところ彼がひょいと僕らの調査室に立ち寄ることが何度もあった。この一件のためというよりザビーネのためなのではないかと僕はかなり前から疑っている。それはよく理解できた。

ザビーネがかぶりを振る。

「まだ事実関係が足りないの。その案を通すのに」

「もうじき実行できるよ」と僕は言った。

テレビドラマや映画を見ると、思いついたら好き勝手に検査ができるという印象を持ってしまうが、実際にはドイツ国内でそう簡単に監視調査ができるわけではない。

情報局ですらその例に漏れず、きちんとした根拠のある疑惑を必要とする。そして、疑惑は証拠による裏づけが可能でなくてはならない。

ただし、一つだけ例外がある。実はシェンゲン協定のおかげで、かつての国境警備を補完するために、高速道路、駅、空港などで警察が疑惑や事件とは無関係に検問する、といったことが認められている。ということは、情報局がもっと突っ込みたければ、国境でバスを検問するよう連邦警察局を説得しなければならない。五十人ないし六十人の乗客のうち不法入国者が一人か二人いるかもしれないし、ゼロかもしれない。そのために何時にどこから入国するかわからないバス一台を、交通量の多い道路で止めなければならないとすれば、パトカー一台を動員して三十分で済むことではない。だから大がかりな任務に見合うだけの論拠がなければ連邦警察局を説得できない。それと、当然のことながら検査の成果の見込みもなくてはならない。これは法的状況とは別問題なのだ。

続く数日間、僕とザビーネは検査の前提条件を揃えるために、網を張ることにした。フィリップのコネでイスタンブールの情報源をうまい場所に配置し、次の密入国がいつ行われるかを突き止めた。

ここまで来たところで、僕らは課長に一件を報告した。

課長は僕らの話を、いつものように黙って最後まで聞いた。説明が終わってからも、しばらく何も言わずに考えている。課長はおおっぴらに思考の時間を取る、情報局内でも数少ない職員の一人だ。課長たる人間は慌てて何かを口にする必要はない。発言するときはすでに熟慮した末の言葉だ。

やがて課長は頷いた。

「わかった。実行したまえ。優れた調査だったな」

僕とザビーネの目が合う。課長はいい人だ。こうして僕らにチャンスを与えてくれるし、いつも後押ししてくれる。今回が初めてではない。モンスズメバチの件のときなどは、僕らの仮説を聞いた部長が「頭がイカれているんじゃないか」と言ったにもかかわらず、課長は調査を続けてよしとゴーサインを出した。後から聞いたのだが、あのとき実は課長も成功率は二十パーセントとしか見ていなかったというのにだ。警察の検挙により二十二キロものヘロインを押収すると、部長は握手によってまず情報局次長に、次に局長に、自分の手柄であることをしっかりアピールした。それを見て課長はにっこりと笑い、「これで本省は予算を削減しようなどと考えることはなくなりますね」と言った。

局長が内務省に報告することを、課長はまったく気にしていない。だが、部長は違う。面白くないのだ。任務を開始したときは時間の無駄以外の何物でもないと言っていたくせに、こうして大成功に終われば、手柄の大部分は自分にあるとでも感じているらしい。手がかりを最初に指摘したのは自分ではなかったかと言わんばかりだ。部長としてぴったりの性質。彼は真の行動派なのだ。

情報員マニュアルより

行動派、交際派、分析派

行動派

行動派が部屋に入って来ると、みんなが気づく。存在感があるのだ。他に誰がいるかはあまり問題ではない。行動派がいれば、それと気づく。行動派は支配的な印象がとても強いので、行動派に対して不安を感じる人もいる。行動派は思ったことをためらわずに口にする。また、思いのままに会話を始め、躊躇なく終わらせる。流れが気に入らなければ変えてしまう。決心するのも行動を起こすのも早く、中心的存在になることに問題はない。競争が大好きで、たとえばマンションを買うときなど、購入希望者が複数いると刺激されて、本当に欲しくなる。みんなが自分と同じ考えではないと知ってはいても、他人の考えを自分の考えに従属させることにやぶさかではない。

また実際的なので、人生では依存しあって行動し、妥協とともに生きなければならないことを知っている。それでも自由に高い価値を認め、リスクを恐れない。そして、自分のルールに従って最良の妥協案を達成しようと、常に努めている。人を感心させるのが得意なので、リーダー格になることが多い。少年団長とか学級委員の経験があるかもしれないし、協会やクラブの代表、あるいは部長やＣＥＯになっているかもしれない。世界は自分一人のものではないと悟れば、行動派は他の人たちを実によく援助することができる。その人たちは、行動派がそばにいると自分にもっと自信が持てるようになる。

行動派にとって大事なのは、今この瞬間。十年後にどうなるかということは、行動派の思考の中では重要ではない。行動派は現在を生きて、衝動的に行動する。はっきりとした目標を持っていて、どうしたら達成できるかを知っている。そして最短コースを選ぶ。そのことで非難されたら、行動派は激しく反応することが多い。せっかちな面があるので、優柔不断な態度やすべてをきっちり計画に組み込むやり方を、心の弱さのせいだと受け止めてしまうことがある。

行動派が健全といえる範囲を超えた自意識を持てば、自己を高く評価し過ぎることもある。その場合は、状況をきちんと見極めようとせず、何かうまくいかないことがあれば、他人のせいにしてしまう。そんなときはむすっとした態度を取るが、特に気に病むことはない。リーダーとしての自分の地位が安泰であれば、それでいいのだ。

交際派

交際派が部屋に入ってくると、いる人の気持ちが明るくなる。交際派は人付き合いがよくて誰からも好かれているからだ。交際派と一緒にいると心地よく感じる。そして交際派もみんなと一緒で心地よい。交際派の興味は人にあって、部屋に誰がいるかに気を配る。肩書などはあまり気にしない。人間レベルで接触して、相手のことをよく記憶している。

「ペトラには顧客サービス課に彼がいたよね。あの二人、どうなった?」といったことを。

交際派は過去を引き合いに出すのを好む。過去を現在に持ち出して、共通のよい思い出を生き生きと蘇らせる。「ねぇ、あのときのこと、憶えているかい?」と。また、魅力があることも多く、神経が細やかなので素早く空気を感じ取り、穏やかな雰囲気にしてしまう。

交際派にとって、友情は高い価値を持つ。友情を築き、維持するには時間がかかる。そのため交際派はせかせかせずに、ゆったりと時間を取る。また、急激な変化を嫌う。交際派は安心感と明確な構造を必要とする。そして、深い絆をとても大事にする。マンションを買うときは、隣近所や不動産業者がいい人たちだと、これはよい物件だと感じる。直感をよく使って、この親切な不動産業者には人を騙すことはできない、といったことを感じ取る。

心地よく感じられる状況を交際派は何よりも大事にする。そして何かを語るとき、本筋から逸れることが多い。「そんなにせかせかすることはないんじゃないか。人生の大事なことにもっと時間を取ればいいのに」という態度で。

交際派が大切にするのは人間関係。周りの人たちは交際派のことを、人の気持ちをわかってくれる温かい人とみなして、一緒にいて心地よく感じる。交際派は人を押しのけて前に進むようなことはなく、むしろ自分の利益を引っ込めることもある。ただし、人から利用されたと感じた場合は、がっかりして引き下がる。争うことはなく、自分で傷を癒す。

行動派は、交際派と一緒にいると、相手が関係のないことばかり話してなかなか肝心な点に至らないように思えてイライラすることがよくある。

交際派は交際派で、行動派と一緒にいると居心地悪く感じることも多い。なぜなら行動派は目標を視野に入れて、周囲の人を押しのけてでもまっしぐらに進むこともあり、人との心地よい交わりを意に介さないと感じさせるからだ。

分析派

分析派が部屋に入ってくると、まずちらりと部屋全体を一瞥して、どこの課の人間がいるかをチェックする。分析派は典型的な〈公共放送〉タイプだ。数字、資料、確たる事実を重要視し、咄嗟の行動は得意ではない。行動する前に熟慮するので、分析派がすることはじっくり考え抜かれている。いつも準備をきちんとして、その思考は論理的。精確で几帳面なのは当然のこと。秩序の整った場所にいれば心地よく感じ、雑然とした状態には嫌悪を抱く。精確な結果を、言葉できっちりと表現してもらうことを望む。分析派がそばにいると落ち着かない人もいる。それは彼らが冷淡に感じられるからだが、それでも分析派はいつも用意周到で信頼が置けること、そして優れた資質と完璧さのために、みんなから一目置かれている。

分析派はこれらを、徹底的に物事に当たることによって自分のものにする。議事録を隅々まで丁寧に読み、記録文書を片っぱしから探すので、専門家による関連記事に明るい。分析派は、物事に関する限りは、いつもきちんと知識を持っている。マンションを購入したいと思ったら、不動産業者から書類を取り寄せる。そこには、そういうものがあることを一般人が知らない書類まで含まれている。その地域の今後二十年間の建築予測とか地下水面に関する情報といったことまで知ろうとする。けれども、感情的なことがらとなったとたん、分析派は心もとなさを覚える。そこには拠りどころとなる事実や資料がないので、勝手がわからないのだ。

分析派が論争に熱中することはない。そのために気のいい人だと受け止められやすいが、熱意が足りないと非難されることもある。おそらくそれは分析派に欠けている部分かもしれない。分析派が議論するときは、客観的かつ真剣、そして控えめだ。静かすぎると感じさせることもある。また、人と親しくなるのに、少し長めのウォーミングアップを必要とする。それでも分析派がひとたび相手を心から好きになると、誠実で信頼できる友になる。ただし、それでもちょっと見には相手にあまり興味がないように見えることもある。

分析派は時間を必要とする。そのよそよそしい態度や、決心したことを実行に移す際のためらいがちな様子が、どうしてなのか理解できない人もいるだろう。分析派はじっくりと考えているのだ。今日の行為、明日や明後日の行為がどのような結果をもたらすかと。しかも、見落としが一つもないようにときっちり隅々まで考える。分析派は計画を立ててから行動する。また、時間管理がすごくうまい。そのことで皮肉られたり非難されたりすると、相手を諭すように自説の正しさを主張する。

行動派は、分析派と一緒にいると気持ちがイライラすることが多い。行動派はあれこれ考えるよりも実行に移したい。計画を練るより今すぐ着手したい。

分析派は、行動派は焦り過ぎだと受け止める。細部がどうなるかもわからないのに、どうして猛進しようとするのだろう、と。

交際派には、分析派は冷め切っているように思われることがよくある。分析派は逆に、交際派の親しげな態度に馴染めない。

実は、僕たち一人ひとり、誰もがこの三つの性質を合わせ持っている。人によってそれらの配合が違って、どれかの性質が強かったり弱かったりするわけだ。そこで大事なのは、今こういう状況で、このテーマのときに、相手のどの性質が強いかを見分けるコツを身につけることだ。たとえば、いま行動派の性質を強く示している人が、同じテーマの別の状況では交際派の性質を体現したりする。だから、今この瞬間に相手のどの性質が強いかを知ること。よく訓練された情報員は、その瞬間に支配的な相手の性質のみに対して適切に反応する。

行動派、交際派、分析派の心をつかむにはどうしたらいい？遠ざけるにはどうしたらいい？

行動派

行動派を納得させるには、自信たっぷりに振る舞うこと。挑戦的なくらいがいいかもしれない。退屈させてはいけない。行動派の心をつかみたいのならば、毎晩テレビの前で仲よく寄り添って過ごせるとは思わないこと。行動派は華やかな活動が好きなので、スカイダイビングなどをやるのもいい。行動派は大勢の中に埋もれることがたまらなく嫌で、衆に抜きん出たいと望む。だから人の目につく行為を好む。行動派の相手が、人より速く、高く、広く、優れていることを指摘してあげよう。行動派は前進したいので、自分を前進させて、自分が属するはずの最前列または最上段に到達させてくれるものならなんでも大好きなのだ。それと、パートナーのハートの真ん中に到達されてくれるものも。

行動派を追い払うには、はっきりしない態度でためらいがちに接する、ある決心に至った過程を長々と説明しようと試みる、うまく行かないのではないかという疑念を前面に出す、物事の細部を延々と語る、あれをどう思うかと相手の意見をいちいち訊く、などの方法がある。最も効果的なのは、人間関係レベルに限定して冗長に話すことで、そうすれば行動派は逃げ出すだろう。

交際派

交際派の心を勝ち取るには、率直に向き合って、相手のために時間を取ること。交際派は、人間としてきちんと受け止めてもらい、人間関係レベルで話しかけてもらいたい。また、心地よく感じたい。そのため、よい雰囲気を作り、相手の具合や調子について質問すること。相手の言葉によく耳を傾けること。相手があなたに対する信頼を築けるように、十分に時間を取ること。交際派にとってそれは前提条件なのだ。家族についての話を好むが、和やかな雑談でも心を開く。これはよく憶えておいてほしいのだが、交際派を相手に興味のあるふりや聞いているふりをしないこと。感覚が鋭いので、芝居をすれば見破られる。だから、話を聞いていると感じさせるのではなく、話を本当によく聞くこと。交際派と付き合うときは、友好的なふりをしても何もならない。分析派なら気づかないかもしれないことだが、交際派にとっては交友を断つ理由にすらなりかねない。

交際派を厄介払いしたいのなら、急き立てたり、個人的な話を始めたところで遮ったりすればいい。自分には興味がないと意思表示して、完全に即物的な人間らしく会話し、相手を押しのけて前進する。

分析派

分析派が相手なら、数字や資料や事実を提供すること。もちろん正しいものでなくてはならない。そして詳細な情報、指数、検査値、品質保証、明白な論拠があれば惜しまず使い、はっきりとした言葉で表現すること。そうすれば分析派は自分の領域なので安心だ。あなたから受け取る情報によって、状況を判断するのに必要とするものがすべて得られたのだから。そしてもちろん、分析派にとってはそれが肝心なことなのだ。そのため、分析派を追い払うのもたやすい。相手の感情について訊きまくり、相手に接近すればいい。人間関係レベルに限って話す。あのときどんな気持ちだった？　と繰り返し質問し、自分がどう感じたか、この先どう感じるだろうかということをしじゅう話題にする。また、あの人だったらこういうふうに感じるだろうな、と推測するのも効果がある。分析派に人間関係レベルで話しかければ、関係が始まる前に終わるだろう。

あなたも知り合いの中に、これら三つのタイプの代表選手をすでに見つけたのではないだろうか。彼らの日常生活はどんな感じか、ここでちょっと見てみよう。

課長のアレクサンダーは行動派で、新しいものを取り入れたいという野心を持っている。だが、上司のアンナは分析派であり、新しいものに懐疑的であることも承知している。そのため、新製品を売り込みたいときは、「あらゆる点を考慮して、現製品をさらに発展させたものです」と言う。

「よくやったわね」とアンナは答える。新製品と言われれば、はねつけていただろう。

だが、社内で物事に敏感なのはアレクサンダーだけではない。上司のアンナも、目標を達するための最も心地よく、しかも成功率の高い方法を心得ている。何カ月も熟慮して練り上げた戦略をチームに実践させたいときは、行動派のアレクサンダー課長にまず売り込み、課長から課員に伝えるよう仕向ける。

そのとき、「これを実行すれば、競合相手を追い抜いて前進できる」といった見込みによって行動派をその気にさせる。

「それはいい作戦ですね」

課長は、上司の手から書類をひったくりそうな勢いだ。課長はその晩、聡明な息子に、今度の週末の試合に車で送って行く約束をした。息子が父に、三位入賞は必ず果たすからね、と言って気を引いたからだ。けれども、課長の妻の頭を占めているのは試合の結果ではない。だから妻をその気にさせるには……「クラブの女の子たちとおしゃべりしたらどう？　みんな君に一目置いてるから、一緒に来ると大喜びするよ」

こうして一家揃って外出することに決まった。だが、家族の構成員がそれぞれ自分の好みを基準としていたら、成立しなかったかもしれない。交際派の妻は、子供の付き添いで来た母親たちのレクリエーションを企画したらと言われれば出かける気にならなかっただろうし、行動派の課長は課長で、クラブの親切な人たちと週末を過ごさねばならないと考えたら、何らかの言い訳を見つけただろう。

あなたは身近な人たちをどのくらい知っているだろうか？　その人たちに、適切な方法で話しかけているだろうか？　改善できることはあるだろうか？　情報員は、人の心を見抜くことの利点をどれほど高く評価してもし過ぎることはないと知っている。互いによく理解し合えば、人間同士の摩擦の約八十パーセントは防げるのではないだろうか。ただし、「理解し合えば」であって「評価し合えば」ではない。

自分が人から扱ってもらいたいように人を扱うこと、というのは正しくない。

情報員の心構えは次の通り。相手が扱ってもらいたいと願うように相手を扱うこと。

人は誰も、自分の視点を持つ権利がある。だが、他の人に自分と同じ視点を持つよう要求する権利はない。問題はここから始まる。相手を鏡として使い、自分にとって適切なものは相手にとっても適切だと思い込むのは、きわめて人間的な性質だ。場合によってそれが正しいこともあるが、いつもではない。それに、正直言って、みんなが同じように考え行動したら、人生は退屈で味気ないのではないだろうか。だが、幸いなことにそうではない。二人の人間が同じことをしたとしても、それは同じではないのだから。そのためにややこしいのだが、同時にスリルもある。

大切なのは、自分がどうすれば心地よく感じるかを知ることだ。そしてその性向に誠実に生きれば、その人の前に成功のレッドカーペットが敷かれるだろう。成功がどのようなものかは、人によって大きく違う。行動派にとっては、長年努力を重ねてやっと手に入れた、権力の象徴そのものである高い地位かもしれない。交際派にとっては、たくさんの人が誕生日を憶えていて、おめでとうと言ってくれることかもしれない。分析派は、熟慮して出した結果がまたしても正しかったとわかったとき、適切な道を歩んでいると感じるかもしれない。自分はこうあるべきだと考えるように行動するとか、みんなと同じようにする必要はない。それぞれが自分にぴったり合うように振る舞えばいい。そして、自分の行動をみんなが素晴らしいと感じるように求めないこと。

第一のキーワードは寛容。第二は受容。情報員は評価せず、感じる（見る、聞く）ままに受け入れ、認識したものを賢く使う。その際に自分の強みをきちんと意識し、また自分の弱みも知って、常に改善の努力をしている。このとき、最良のアドバイザーは周りの人たちだ。残念なことに、さまざまな性質、さまざまな感じ方があるからこそたくさんの可能性があることに気づいている人は少ない。

心に留めておくべきこと

行動派タイプは、他の人たちから攻撃的で思いやりのない人と受け止められることもある、と心に留めておくこと。せっかちで厚かましく、うるさいと思われているかもしれない。他の人の言うことを最後までよく聞いても損にはならない。スピードと推進力を少し落として、交際派や分析派ともうまくコミュニケーションできるようにしたい。

分析派タイプは、他の人たちから冷ややかでよそよそしいと受け止められることもある、と心に留めておくこと。ことによると無感情と思われることもあるかもしれない。時々視線を事物から離して周りの人たちに向けても損にはならない。そう、あなたの周りにあるのは事物だけではない。周りの人たちの様子はどうだろうか？　彼らは、どうしたら心地よく感じるだろうか。時々相手の個人的なことがらについて質問するといい。そうすることによって、事実に即して徹底的に調査するよりも速く前進できるかもしれない。

交際派タイプは、他の人たちから回りくどくて感情的過ぎると受け止められることもある、と心に留めておくこと。要点に触れず、いつも客観性よりも個人的なことがらを重視していると、能力に欠けるという印象を与えかねない。時々スピードアップして、事務的なテーマを取り上げるといい。もともと人々とよい関係を築きたいと願っているのだから、相手が心地よく感じるように話しかければうまくいく。

情報員の目標は、行動派、分析派、交際派のいずれかのタイプに百パーセントなることではない。大切なのは、これらのタイプのあらゆる性質を意識することだ。三つのタイプすべてに精通したら、状況に応じて自由に使い分けることができる。これが目標だ。当然のことながら、情報員にも個人的な好みがある。けれどもそれを意識しているので、無意識に自分の好みに従うという誤りを犯すことはない。どのような状況にあっても、常に自分の行動をコントロールする。そのためには、自分のことも相手のことも熟知していなければならない。そして、情報員のアプローチ法は相手の行動の仕方によって左右される。

チームで活動するとき、情報員は他のメンバーを支援する。リーダーすべてが行動派というわけではない。行動派のリーダーなら、現実的に決定を下し、強引に今の地位にのし上がったのではないだろうか。分析派のリーダーは、自分のキャリアをじっくりと計画し、成功を重ねることによって、一段また一段と上ったのだろう。交際派のリーダーは誰からも好かれるので、周囲からプッシュされて今の地位まで上ったのかもしれない。

健全なチームは、行動派、分析派、交際派がうまく混合しているべきだ。ところが、互いに補完し合うようなメンバーではなく、自分と似たタイプの人をリーダーが集めてしまうことが意外と多い。みんなの波長が同じなら誤解や摩擦が少ないと考えがちだが、構成員全員がどれか一つのタイプであれば、任務を分担する必要すらなくなってしまう。みんな独立して仕事をして、そのために生じる困難と、週四十時間取り組めばいいのだから。

ここでその状況をやや誇張して描写してみよう。交際派からなるチームは、人間関係がとてもうまくいく。このチームでは、心地よさ、連帯感、社交性が強調され、週末には時々社員旅行が催され、月曜に出社すれば家族その他の最新ニュースが交換される。給湯室や談話室ではおしゃべりが弾み、職場の雰囲気は最高によい。ただし、交際派の心は過去に向きがちなので、残念ながら将来に対するくっきりとした展望に欠ける。革新や発展は進まない。

分析派からなるチームは、給湯室も談話室も、社交的な催しも必要としない。いや、それどころか会議や打ち合わせすら要らない。会議はどのみちだらだらと長引くように感じられるし、メールで済むのだから話し合うこともないではないか、とみんなが思う。分析派は未来志向の気があるので、現在ここで行われていることにはそれほど心を動かされない。この状態が長く続けば、みんながそれぞれ勝手に仕事をして、企業の発展が止まってしまう。

行動派は会議を好むが、行動派ばかりだと過熱して決裂するおそれがある。決めるのは自分だと、全員がことあるごとに主張しようとすれば、肝心なことがおろそかになりかねないので、企業のためにもよくない。アイディアがいかに豊富に生まれたところで、決定権争いのせいでみんな駄目になってしまう。そのうえ重大な決定をするときに、争いの方に夢中になっているせいで細部が見落とされかねない。そうなるとその代償が高くつくこともある。分析派にはこうしたことは起こらない。

また、販売部門の社員の場合に特にそうだが、自分がよいと思うものばかりを客に勧めれば、やはり企業にとっての損失は大きい。できる販売員は、自分ではなく客を基準とする。こういう人は客の思考プロセスを、本に書かれた文字を読むように読み取れることもある。行動派は長く迷わない。誰の助けも借りずに衝動的に決断する。自分の要望を知っていて、それを心地よく感じる。賢い店員は行動派の客に言う。この製品は高品質でスピードが速く、性能も優れているので、他製品と比べて効率抜群ですよ、と。それ以外の説明は要らない。

自分の要望を知っているのは分析派も同じだが、こちらはそのためにかなりの時間をかけて調査し、あらゆる論拠を徹底的に考慮してある。販売員はそれに対応する知識を持っていなければならない。賢い販売員は、自分には知識が欠けていると察知したら、専門家に相談するか、または製造元に詳細を問い合わせると客に伝える。高品質、高スピード、高性能などと売り込んだり、人間関係レベルで好印象を与えようと努力したりしても、分析派は関心を持たない。逆に心が離れてしまうだろう。

交際派はそうではない。買うと決める前に販売員と少し話したい。交際派にとっては、サービスの質や販売員の同意の言葉も大事なのだ。

優秀な販売員は優秀な情報員と同じで、目の前にいる客の性質を見抜く。そして、そぐわないものがあれば蓋をして素知らぬ顔をするし、必要なものには光を当てて着目させる。

勇気を出して異質なメンバーからなるチームを編成してみよう。ある人が苦手なことや好きでないことがあっても、それを得意とする人がいて、喜んで引き受けてくれるものだ。このようなチームでは、メンバー全員が互いに理解し合い、それに応じてコミュニケーションするという建設的な協働の前提が自然に成り立っている。多様性の利点を知っている上司は、社員と接するとき、適切な調子を相手によって選んで話す。

適切な社員を適切な部署に配置すれば、成功への道が開かれる。社員は気分がよいので最高の能力を発揮し、また他の社員に対して率直になる。なぜなら、誰もがみんなから理解され、受け入れられ、満足しているからだ。和やかな雰囲気は、学習するための最高の条件といえる。しかもそれは職場に限らず、当然のことながら家族や友人にも当てはまる。一家の主が交際派であれば、いくら子供たちの父親であっても、決定を下すのに最適の人物とはいえない。けれども思春期の娘は行動派で、状況を把握しているので父親を助けてくれる。ただし、彼女の行く手を阻むのは控えた方がいい。それはどのみち意味がない。行動派の女性は、障害にたまらなく魅力を感じるのだから。

あるホテルのレストランで、一組の夫婦が食事をしている。バカンスもすでに二週目に入ったが、その日は団体旅行客が到着したために店内はかなり混んでいる。そのときウエイターが近づいてきて、「申し訳ありませんが、ご相席でもよろしいでしょうか?」と声をかけた。

妻は躊躇したが、夫は「構いません」と答えた。

嫌だわ、と妻は内心思う。

ウエイターに案内されて一人の女性が同じテーブルに着くと、夫はにこやかに挨拶したが、妻はややよそよそしい態度を取る。夫は相席の女性に話しかけて、すぐに二人で話が弾んでいる様子だが、妻は押し黙っている。

妻は機嫌が悪いのだろうか。それとも嫉妬でもしているのだろうか。実はどちらでもない。彼女は分析派なのだ。

結婚してすでに長いので、夫はそのことを知っている。仮に知り合ったばかりだとしたら、おそらくあれこれ誤解が生じて、せっかくの楽しいバカンスにそこで大きな亀裂が入ったことだろう。ある人がそのような態度を取るのはなぜかという疑問にはさまざまな解釈が試みられているが、実は背後にあるのは単純な事実であることも多い。つまり、夫は交際派、妻は分析派、もう一人の女性は行動派で、誰にも悪気はないということだ。ましてや個人的な意味合いなどない。


情報員はいつも肝に銘じている。人はみなあるがままの自分を受け入れてもらいたいと願っていることを。それを受け入れない人は、和やかな雰囲気や信頼を築くことができない。そして、最終的には成功を勝ち取ることができない。ミッションが何であるかに限らずだ。

ある行動派の男性が技術系玩具を購入すると、まず箱をびりびりに引き裂いてから取扱説明書にちらりと目を通す。行動派はここで時間をかけるのを嫌う。ボタンを片っぱしから押して試すけれども、使い方がさっぱりわからないのでイライラし始める。そして、玩具が思うように機能しないと、業を煮やす。

ここで運よく分析派の誰かが現れれば、取扱説明書を手に取って、玩具の機能を一つまた一つと把握してゆく。けれども行動派の男性の機嫌はよくなるどころではない。時間がかかり過ぎたうえに、リーダーとしての立場がぐらつけば面白くない。そこにたまたま交際派が顔を出せば、剣呑な空気にすぐ気がついて、気の利いたコメントで場を和ませるだろう。そしていくらもしないうちに、技術モノってホント手を焼かせるよね、と言って三人で心から笑うのだ。

三人で食事に行くことになって、太っ腹の行動派が、今日は自分のおごりだと他の二人に言う。彼が選んだレストランは五階にあるので、エレベーターが来るのを待つ。ところが、地下駐車場から来たエレベーターは、一階で止まったときすでに満員だ。行動派だけが身を押し込むようにして乗り込んだのだが、他の二人がいないことに気づいたのは、エレベーターが動き出したときだった。

交際派はエレベーターを待つ他の人たちとの会話にのめり込んでいるため、行動派がいなくなったことに気づかない。それにどのみち気にもならない。交際派は喜んで人に先を譲るのだから。

それに、エレベーターのドアに手を挟まれてしまった人の話は本当に興味深い。心配して訊ねると、幸いなことに怪我もなかったということだ。この間に分析派は階段を使って五階まで行く。彼の興味は、下でエレベーターを待つのとどちらが速いかだ。それは、エレベーターが各階で止まるかどうかで違ってくるが、いくつもの階で止まることは予測できる。一方、先に五階に着いた行動派は、レストランのメニューをちらりと一瞥して注文を決めてしまう。だが、他の二人が来るまでしばらくじっと待たなければならない。

情報員適性テスト

三つのタイプをざっと要約したキーワードをここに挙げるので、心に留めること。特に、この三つのタイプのうちのどれかが優れていることはない、と肝に銘じること。

行動派

意志が強い　直接的　権力意識　目標志向　要求しがち　決断力がある　活動的　難題と競争を好む　衝動的に行動する　即興性に優れている　新しいものを取り入れてとことん試したい　物事の関連を素早く見抜き、具体的かつ現実的に思考する

交際派
親切　人への理解がある　忍耐力がある　世話好き　落ち着きがある　信頼できる　習慣に従う傾向がある　劇的な変化を避ける　馴染んだものに信頼を置く　直感に頼る　人の気持ちを感じ取る　親しみを求める　誰からも好かれている

分析派
秩序を重んじる　こだわる　几帳面　控えめ　慎重　体系的　計画性が高く、所要時間まで細かく配分して行動する　客観的かつ明白に発言する　適度な距離を保っていると安心できる　無愛想な感じを与えることもある　心を開くのに時間がかかる

周囲の人たちを観察して、誰にどの傾向があるかを見極めよう。そして、相手に応じてあなたの役割を演じよう。ある性質が支配的であればあるほど、見分けるのは易しいし、それを配慮してあげることが大きな意味を持つ。

行動派の心をつかむには……

「**✓自信たっぷりに振る舞う。**」

✓資金や手段を潤沢に使って大きな仕事をする。
✓回り道せずに大事なポイントに触れる。
✓何ができるかという展望を相手に示す。

交際派の心をつかむには……

✓相手を奇襲しない。時間を与える。
✓相手に対する心からの興味を示す。
✓相手の話を真剣に聞いて、相手の気持ちになって考えていることを示す。

分析派の心をつかむには……

✓特定のテーマで相手の心を引きつける。
✓個人的なテーマを話題にしない。
✓感傷的にならない。
✓詳細な情報を与える。
✓持続性や長期性を話題にする。

ここで、職場や家庭におけるあなたの位置づけについて考えてみよう。あなたは自分にふさわしい地位にあるだろうか。他の人たちはどうだろうか。誰でもそうだが、自分の強みを最大限に活かせる地位にあってこそ、百パーセントの能力を発揮して満足し、バイタリティーを感じることができる。交際派がしじゅう決定を下さなければならなかったり、分析派が常に同情や共感を示すことを求められる立場にあれば、心地よく感じることはできない。

あなた自身とあなたのチームが能力を発揮できる状態にあるよう配慮すること。また、同僚や友人や家族がそれぞれの強みをさらに発展させ、弱みを克服できるような役割を与えること。

優秀な情報員は、次のことを決して忘れない。

「成功する人は、他人の興味に気を配り、成功しない人や平均的な人は、自分の興味を優先する」（アルフレッド・アドラー　個人心理学の創始者）

この章の最後にあたり、あなた自身の声によく耳を傾けてほしい。人はよく、自分と違うメンタリティーを持つ人を、それに見合ったあだ名で呼ぶ。そうしたあだ名によって、自分自身がどのタイプか、そして自分をムカつかせる相手がどのタイプなのか、わかることが多い。

ある人が別の人をかっとさせるやり方から、いろいろなことが聞き取れる。優秀な情報員はあれこれ質問しない。耳をよく澄まして、必要とする情報を得る。周りの人は、たくさんの情報を与えてしまったことに気づきもしない。

行動派は、人を押しのけても前に進もうとする人、自己中心的、お山の大将、見栄っ張りなどと呼ばれることが多い。あなたはどう思う？

交際派は、弱虫、おしゃべり、カタツムリなどと呼ばれることが多い。あなたはどう思う？

分析派は、白けさせる人、杓子定規、融通が利かない、氷などと呼ばれることが多い。あなたはどう思う？

優秀な情報員は、適切なときに適切な悪態を吐くことによって相手の気持ちを引きつけることもある。V人材の母語を使えばもっと効果的だ。けれども心配には及ばない。これが人間についての洞察力を深める前提というわけではないのだから。

Chapter 3

カップの件

ミュンヘン

月曜日 9/13 午前七時三十分

僕らが目下手がけているのは、サライ旅行社の案件だけではない。正確に言うなら、サライの件はまだ作戦実行中の一件ですらない。僕らが扱っている作戦はそれぞれ別の捜査段階にあるのだが、それでも捜査活動に要する集中度についてはどの案件も他に劣らない。

空前の規模の汚職事件を扱ったパンサー作戦では、情報局設立以来最も広範囲にわたる秘密作戦が進行している。今まさに情報収集のクライマックスといったところだ。もう一つはかれこれ二年になるメルヴの件で、何度も手こずらされた厄介な作戦だが、いまや終盤に入っている。ベルリンを本拠とするロシアマフィアのボス、ウラジミール・Lが糸を引く麻薬取引グループの壊滅も間近い。

このメルヴの件にもティホフは一役買っている。危ない橋をいくつか渡って、解明に大きく貢献してくれた。数週間後にはこの件に決着がつきそうだ。そうしたら情報局長が直々に本省に報告して、手柄に対する祝いの言葉を一身に受けるだろう。この種の成功ではいつもそうであるように。もうお見通しと思うが、わが情報局長は、部長と同じく行動派なのだ。

情報局は、警察の手入れに間に合うように、ターゲットの周囲からティホフを抜いた。また、彼をベルリンから遠ざけるために、説得力のあるストーリーをでっち上げてミュンヘンに移した。メルヴの件は相当な政治的規模であるため、最高ランクの機密扱いになっている。

ウラジミール・Lは、他のマフィアと同じく、違法に得たカネの一部を合法的な経済市場に投資している。もちろんそれには純粋に戦略的な理由がある。そうすることで犯罪組織の人間とばかりでなく、富裕な企業家や上流社会に属する人々、それに国家のトップレベルの政治家たちとつながりができるからだ。合法のビジネスは、麻薬取引、武器売買、上納金強制取り立て、売春業その他の違法行為によって稼いだカネをきれいに洗浄してくれる隠れ蓑の役割を果たす。

欠けていたパズルの断片をティホフが与えてくれたおかげで、ウラジミール・Lを中心とする組織の複雑に入り組んだ仕組みが明らかになった。ティホフがうってつけのV人材となることは、スポーツ刈りにしたブロンドヘアに包まれた、彼の角張った顔を初めて見たときにそう感じたのだと思う。それは、別のV人材がカメラ付携帯電話で写したスナップ写真だった。当時僕らは彼の本名を知らず、偽名もまだ与えていなかった。写真はヘロインが運ばれてきたシーンで、ティホフはそばでタバコを吸っていた。なぜかということは今でもわからないのだが、その姿を見たとき、この男ならウラジミール・Lのグループに到達する鍵となるかもしれないと感じた。その直感は当たっていた。

メルヴの件についてと、僕がどのようにしてティホフをスカウトし、V人材として情報局に協力させるように仕向けたかについては、第一作『元ドイツ情報局員が明かす心に入り込む技術』に書かれている。

ウラジミール・Lは、情報局がすぐ間近まで迫っていることをまだ知らない。このところ何度か退却せざるをえなかったものの、自分の身に危険が及ぶとは考えていない。合法の隠れ蓑を着て、密に絡み合った組織にしっかり守られていると信じているからだ。だが、こちらでは数日前から手入れの準備が着々と進んでいる。情報局員二十人以上、検察官六人、警官百二十人以上が、ドイツ全土で最適なタイミングを待っているのだ。今度こそウラジミール・Lは逃げられない。僕らは、情報局長が本省に持って行きたくても持ち切れないほどたくさんの証拠を集めた。各種の麻薬を多量に国内に運び込み、敵対勢力や競合組織を情け容赦なく始末し続けてきた犯罪組織も、今度こそ壊滅するだろう。

通常、ロシアマフィアは見つからないように死体を始末するので、死者の数は推測の域を出ない。形が残ったものは、きっちりと縛り、扱いやすいようにまとめて、海などに沈める。蒸発したように消えたとすれば、任務を与えられて、ベラルーシやウクライナなど出身地に送られたのだ。彼らが殺し屋集団と呼ばれる所以もそこにあるのだろう。邪魔者は一人残さず始末する。電話の呼出音がいつしか通知に変わる。

「この番号は許すわけにいかん……この番号は許すわけにいかん……」


サライ旅行社という小さなバス会社が、近所に本拠を構える大物中の大物のおかげで目につかなかったのも無理ないね、と僕とザビーネは頷いた。それにしても、よくもまったく気づかれなかったものだ。僕らが過去に収めた大きな成功も、実は本当にちっぽけなところから始まることが多かった。僕らはサライ旅行社の調査を続け、この案件に名前をつけることに決めた。

情報局が捜査する案件にはすべて名前がある。案件X、作戦Y、ミッションZといった具合に。情報員は、必要な情報はなるべく多く集め、必要最小限の情報を与える、を方針に活動している。それは内部でも同じで、どの情報員も必要最小限のことだけを知っている。情報局内でも一般企業と同じく、誰が何をしているか、どこで何が起こっているか、といった噂や最新ニュースは流れる。だが、仕事、つまり目下進行中の捜査や作戦に関しては決して漏れない。

秘密を遵守し情報源を守るために、案件名は抽象的なものにし、そこからターゲットの人物、状況、犯罪の種類といったことが推測されないようにしている。そのため、たとえばピューマの案件では、前線で実際に監視に当たる人たちが、必要最小限の情報の他は何も知らないように計画し、実行することが可能となる。「〈午後のおやつ〉の手入れが間近だ」と誰かが言うのをたまたまそばにいた人が耳にしても、その案件のことを知らされていなければ何のことかわからない。

僕らのつける案件名は、その案件というよりむしろ捜査チームを表すといえる。フィリップが大きな役割を果たすチームが担当する案件は、ピューマ、鷲《アドラー》、モンテカルロ、ベルビュー、ダイヤモンド、ロッキーといった、力強くて響きのいい案件名になる。アジア系の捜査員は、カラオケの伝統と称して冗談半分にメンバーで案を出し合い、最も悪趣味な名前を選んで案件名を決めたりしている。そうして生まれた名前には、プラスチックフラワー、キングコング、アウヴァイ・アウヴァイ（ドイツ語で驚きを表す感嘆詞）などがある。ザビーネと僕のチームは僕らなりのやり方で案件名をつけるので、誰にも推測はできない。れっきとした理由があってのことだ。どうするかというと、ドイツ語大辞典を任意に開いて当てずっぽうに指を置く。これで名前は決まりだ。このようにしてサライに関する捜査は〈カップ〉と命名された。

「名前が案件の進行を象徴するとしたら、あまり進展しそうにないな」

と予言がましく言ったのは部長だ。件名が捜査の進行と関係することはありえないことを、部長の方がよく知っているはずなのに。

「あら部長、カップといっても特大もありますから」

ザビーネは口の端を上げてにやりとした。彼女の目の前に、毎朝の打ち合わせのとき使われる特大サイズのコーヒーポットが鎮座している。その胴体には赤い大きな文字で「私があたかも高給をもらっているかのように上司が振る舞うのであれば、私はあたかも仕事をしているかのように振る舞う」と書かれていた。

僕はザビーネの言葉を補足することにした。

「それどころか浮上することもありますよ」

昨夜フライジング市内にある広場の上空で未確認飛行物体が目撃されたという記事を、僕は新聞で読んだ。

部長は何のことか理解できないらしく、僕とザビーネを交互に見た。

「ユーフォーですよ」

ザビーネはそう言ってぷっと吹き出した。彼女が黙っていられなくなるのは珍しい。

部長は他にどうすることもできず、やや苦々しげな表情で一緒に笑った。

この時点では、カップの案件が飛翔することは考えられない。僕らが打ち出した仮説は空中楼閣にすぎなかったということもありうる。よくあることだから、くよくよ思い悩む理由にはならない。組織犯罪を暗示するちょっとした事実が見つかり、やがて情報源から最初の情報が届く。それはちっぽけな痕跡だが、捜査が行われる。偶然に何かがわかるときもある。そしてついに、組織犯罪が隠れていることが明白になる。

現段階は危険だし微妙でもある。人は見たいものを見てしまうという傾向がある。仮説を真剣に受け止めると、人の感じ方は気づかないうちにそれを裏付ける方向へと流される。あることを心から信じたなら、証明してくれるものはいくらでも見つかる。それが正しいかどうかとは無関係に、自分の考えに確証を与えてくれるものばかりを知覚して、それ以外のものは見過ごしてしまうのだ。

僕らのそうした傾向は、日常生活では腹立たしいこともあるくらいで済むが、諜報活動においては多大の費用や労力が失われ、危険でもある。最悪の場合には無実の人たちに嫌疑をかけることになりかねない。そのため、冷静さを保って、知覚したことと事実とをはっきり区別することが極めて重要なのだ。これは、口で言うほど易しいことではない。

情報員は自由

人はみな、絶えず評価している。パン屋でロールパンを買うときにしろ、商談中にビジネスパートナーを観察するときにしろ、いつも評価している。また、人物だけでなく事柄についてもいえる。これは正しいことであり、重要でもある。問題はそのやり方だ。評価の結果はどのような体験、経験、期待に基づいているだろうか。

最終的には、自分が何を期待しているかを知れば、どのような結果にたどり着きたいかがわかってしまう。情報員のやり方は一歩先を行くもので、潜在意識だけに操られないために、自分の行為をいつも意識している。情報員の潜在意識が、覆面捜査員として本人に知られずに働くことはない。潜在意識は人間についての洞察力にとって重要なものさしなのだから、なおさらだ。そして、数値を正しく読めるよう学ばなくてはならない。また、このものさしを定期的に点検することを決して怠ってはならない。

次に挙げるのは、「人間についての洞察力」における四つの段階だ。自分はどの段階にいるか、考えてみよう。

1. 意識されない無能力の段階
2. 意識している無能力の段階
3. 意識している能力の段階
4. 意識されない能力の段階

情報員の目標は、最高レベルの「意識されない能力の段階」に達することにある。そしてそのための第一歩が「意識されない無能力の段階」であることも多い。これは、判断や決断が適切でないことがしょっちゅうなのに、それに気づいていない状態だ。自分の弱点がまったく目に入らず、そのために事態が不必要に困難になっている。ところが、それにも気づかないことがよくある。

この段階では自分の無能力に気づいていないから、それで悩むことはないというプラス面もある。ただし、この段階に留まっていたのでは前進できないというマイナス面もある。この本を読んでいるあなたは、この段階をかなり前に通過したはず。でなければ厳しい試験や選抜方法にパスしてここまで来られたはずはない。

そこから一歩進めば「意識している無能力の段階」になる。自分の行動が周囲の人たちの行動に影響を及ぼすということに、いつしか気づく。また、人との付き合いを、みずから必要以上にややこしくしているようだと気づくこともある。どこかに問題がある、自分は過ちを犯すこともある、自分はすべてを知っているわけではない、もしかすると少し違っているかもしれない、といったことを知っており、人を間違って判断することもあると認識している。けれども、どうやったらそれらを改善できるか、まだよくわかっていない状態だ。

この状態に達して初めて、第三の「意識している能力の段階」に到達することが可能になる。この段階では、特定の状況にあるとき、自分の行動、もしくは評価や決定によって事態を必要以上に困難にすることがあると気づいている。そしてそのことに興味を抱き、もっとよい成果や反応を得るために自分の側を最適化する戦略を探し、見つけた、もしくは開発した。

この新しい戦略、新しい考え方、新しい方法を実行に移すには注意力と集中力をフルに働かせなければならない。まだ自動的に機能するわけではないが、意識すればうまくいく。基準がいくつもあるので、狙いをよく定めて相手をスキャンする必要がある。本書のミッションでこれらの基準の一部を学ぶ。

上達するには練習あるのみ。あなたの判断は少しずつ確実になって、あるときふと、意識することなく相手の心を読んでいる。しかも正しく判断していることの方が多くなり、前よりぐっと楽になっている。意識しなくてもそれが自動的にできてしまう。最初は戦略というか、自分の考え方を意識的に変えようとしただけなのだが、やがて内面化されて信条の一部となった。つまり最高レベルの「意識されない能力の段階」に達した。

余談になるが、このトレーニングは人間についての洞察力に限らず、他のことにも使える。たとえば車の運転について、助手席で「意識されない能力の段階」に達する練習をしてもよい。

僕は自分の信条を時々はっきりと意識して俎上に載せる。課長からもそうするようにと助言を受けたことがある。それは僕が情報局に勤務して間もないころの、課長との最初の数回の面談でだった。まだ駆け出しの情報員だった僕がある同僚に対して抱いていた考えを課長が読んだらしく、僕は忠告を受けた。

「君は型にはめて考えているね。だが、それを悲観することはない。みんながすることだからな。ただし、自覚して消化すること。君はオリバーを〈上にはぺこぺこして下には威張る〉という引出しに入れた。だが、それは君の現実であって、本当にその引出しに属するかどうかと訊かれれば、本人は別の判断を下すだろう。そして君の意見もオリバーの意見も、それぞれに正しい。だが、問題は正しいかどうかではない。目標を達することにある。ここで君自身のために、鮮やかに思い描いてほしい。引出しのたくさんついた大きな棚が目の前にあって、それぞれの引出しにレッテルが貼られている。君はオリバーを、はっきりと意識してさっきの引出しに入れる。この時点ではそれでいい。ただし、引出しを閉じないで開けたままにしておくこと。そうすれば、その引出しを出て別の引出しに移るチャンスが君にも彼にもある。それはどちらにとってもプラスになる。そして誰かが君をある引出しに入れたら、閉じないで開けたままにさせること。君の自由は、君の頭の中から始まる。他の人々の思考や、他の人々についての君の思考によって、君の自由を束縛してはいけない」

もちろん、そんなことはしない。課長のこの忠告には今も感謝している。相手の心を読みたいのであれば、手っ取り早く相手を判断すればいいというものではない。できるだけ幅広く、できるだけ深く相手を見ることが大事だ。目標は、知らなかった相手の性質をできるだけたくさん発見すること。自分のイメージに合致しないという理由で見たくない面についても、きちんと知覚すること。見ようとすれば見えるのだから。

人間は主観的な生き物であるけれども、努力すればかなり高い客観性を得られるし、不可能なもののない自由の境地に達することもできる。すぐにあらゆる状況を見て取ったつもりになれば決して看取できないことがらも、見えるようになる。深く知れば胸が躍るような気持ちになれるし、しかもそこまで短時間で達することが可能なのだ。

新しい案件は、いくつかの示唆や疑念の瞬間から成り立つことがよくあって、そこから仮説を立てる。そして情報を収集して濃縮する過程で、多数の事実を手に入れる。やがて、じめじめとした不安定な湿地である仮説を基に、しっかりした土壌を作り出す。事件解明後には、確固とした土地が足下にある。これが僕らの拠りどころであり、それは情報収集と情報評価の独立という情報局の原則によって保証されている。

V人材と接触する調達屋(V人材リーダー)は、V人材自身の解釈や評価や感情によって色のついた生の情報を、ふるい分けされない状態でV人材からじかに受け取る。評価者――僕らのケースではザビーネ――は、V人材との面談報告を読む。それは純粋な情報と、解釈としてマーキングされた部分であり、感情はここには含まれない。それによって評価者は中立的な視点で事象を見ることができる。こうしてV人材の感情に一緒に流されたり判断に影響されたりする危険が最小限に抑えられ、できるだけ客観的に判断する。

あなたの身の回りにもそういう状況があるのではないだろうか。くすぶっている摩擦の渦中に自分がいた場合、摩擦とは無関係の人に頼んで中立的視点から意見を言ってもらうと助かるものだ。自分は感情が高ぶって、あるがままに受け止められなくなってしまっているからだ。それでは、中立的な立場の人がそばにいなかったらどうする？　その場合は、情報員にとっての通常任務を果たせばいい。

情報員が持つ、行動するときの心のゆとり

あなたが少なくとも公平に接していることが相手にうまく伝われば、相手の心を早く読むことができる。なぜなら、相手がそれを感じれば、相手のあなたに対する障壁や抵抗がなくなり、ごまかそうとすることもないからだ。人を判断するとき、いつも二つの〈前線〉があることを頭に入れておきたい。

1．相手は、本当の意図をあなたに知られたくない。そのため、特定のことがらについてはっきり言わないか、さらには誤った考えに導こうとする。そのために、言葉や表情やボディランゲージを用い、ヴェールに包んだり錯覚させようとしたり、あらゆる手段を駆使する。表向きは親切そうな顔をして、そのくせ胸に一物持っている。相手は心に鎧をまとっているので、場合によっては特別のスキャナーがないと透視できない。けれども心配は要らない。情報員はエックス線にも負けない透視眼を持っているのだから。ただし、それには時間がかかる。

ところが、瞬時に反応しなければならないので、時間を取っている暇はないかもしれない。だからこそ、相手に好意と、できることは何でもしてあげるという気持ちを

示して親切に振る舞うこと。少なくとも友好的かつ公平な雰囲気は作りたい。イエスと同意したくなる雰囲気だ。そうすれば相手は鎧をつけようと思いつくこともないから、すんなりと透視できる。

2．もしかすると、あなた自身が心に鎧をつけていることも考えられる。それは心地のいいものではないし、こわばって動きが大きく制限される。先入観は前線を硬直させ、視野を鈍らせる。だから不要な鎧は取り去ること。意識されない能力と直感に頼ればいい。もし判断を誤ったなら、次のときにもっとうまくやればいい。だから、ミッションをぜひ継続してほしい。

相手をろくに知ろうともせずに判断を下すことはないという態度を示せば、相手もあなたの視線をシャットアウトしようという気持ちを持たなくなる。そして警戒態勢を解くので、心を読むのが楽になる。相手の安全装置を解除している時間などないのがふつうだから、こうして時間を節約するのが得策だ。相手の警戒によって誤った判断に導かれることもあるのだからなおのこと、賢く立ち回って、障害物となりうるものが幅を利かせないように静かにさせておく。そうすれば最も興味深い場所へ、素早く到達することができるだろう。

自分の心に正直になって考えてみるといい。相手が奇妙に振る舞ったり見下した態度を取ったりしたら――それが言葉によるものであっても行間から読み取れた場合でも――あなただって心のドアを閉ざすだろう。当然の自己防衛策だ。逆に相手が親切な態度だったら、鎧をつけようと思い至ることもない。だが、それは誤りかもしれない。親切な仮面の陰に険悪なもくろみが潜んでいる、というのは悪党の世界の常識だ。けれども、僕らが使うのは情報員の常識。そこで、相手の心を読むためのヒントをいくつか紹介しよう。

いつも視野を少しずつ広げるようにすること

情報員であると自覚して、次の場面を想像してみよう。ドアが開いて男が一人、部屋に入ってきた。両手首が手錠でつながれている。その男についてあなたが知っているのは、たった二つ。一つは前科リスト、もう一つは昨夜そいつが犯した犯罪だが、あまりにも残虐な暴力行為なので、たとえ細部をぼかした形でも家族に話す気にはなれない。前科リストの方も、口にするのがはばかられる類いのものだ。しかも、ふつうファックスで送られてくるのだが、宅配便という特別扱いだった。つまり、相手について知っているのは、犯罪者としての暗い側面だけである。このまま相手と接すれば、何らかの実りをもたらすような人間関係の土壌はできない。

だが、情報員として必要なのがまさにそれで、よい人間関係の基礎がなければいかに尋問や事情聴取をしたところで客観的で役に立つ情報は得られない。そのため、腕利きの情報員はそのような困難な局面に備えている。僕は、目の前にいる人間について、極力意識して心の底から称賛できる点を探す。これが見つからない状態で尋問しても成果はまったくないので、見つかるまでは取りかからない。こうして探すおかげで、僕の注意は自然と相手のよい性質や好ましい振る舞いに向けられる。この対象になりうるものはいくらでもあるし、あらゆる方面で考えられる。

たとえば、公衆トイレの清掃や管理をする女性に対して心から親切に接する、借りた本をとても丁寧に扱う、息子と愛情あふれる会話を交わす、病気の母親を長年にわたって世話している、などいろいろだ。このように考えると、直面している問題は、全体の中のちっぽけな部分でしかなくなる。つまり、目の前にいる人間は、僕が取り組むべき問題よりずっとたくさんの要素から成り立っているということがはっきりする。こうして僕の視野は広がり、心のゆとりが戻ってくる。相手の価値を評価し、相手と同じ目線で接することこそ、相手の心の厚い壁についたドアを開く黄金の鍵なのだ。

この方法が功を奏するのは犯罪者相手とは限らない。クリスマスイブのコース料理を計画通り完璧にこなそうと神経を尖らせている義母や、重箱の隅をほじくって調べたがる税理士など、あなたを悩ます人々すべてに使える。「気難しい顧客」にも、そばにいるだけでムカつく同僚にも効き目がある。相手のプラスの面を意識的に読み取ることによって、心に大きなゆとりができる。始めたときには想像できなかったくらいたくさんのプラスを見つけて驚くという人が多い。長い前科リストを持つ人の場合でもそれはいえる。見つからないということはありえない。

資料はたっぷり納入されているはずだから、正しい手がかりへと導いてくれるメッセージはどこかに隠れている。情報員は、必ず何かしら見つける。問題は相手にあるのではなく、あなたの側にあるのだ。

先入観を持たない

僕は情報員として、相手の体面を守る。摩擦が大きく、人間関係レベルの氷がまだ薄いときにはなおさらだ。判断を下すのは僕の仕事ではないし、通常はあなたの仕事でもない。あなたが相手を視線や仕草、または言葉――たとえ口にしなくても、心に思うことによって――で低く評価すれば、そこから先には進めなくなる。それどころか、その人との関係において一歩後退することもある。いや、大きく後ろに弾き返されてしまうかもしれない。そうなると取り戻すのに時間がかかる。それどころか二度と元の位置まで戻れないかもしれない。

日常生活では、自分のしでかしたことに気づかなかったりする。相手は気に障ったとは言わないからだ。言えば相手は自分の弱みをさらし、神経過敏であることを示すことになる。それは勇気の要ることなのだ。

だが、こちらが誤った態度によって相手の信頼や敬意を台無しにしてしまったのだから、相手は勇気を奮い起こす価値すら見出さないだろう。もしかすると、よいタイミングを待っているのかもしれない。そのときが来るまで、といってても運よくそのときが来ればの話だが、こちらがいくら腕を伸ばして待っても知らん顔をし続けるだろう。

期限を決めずに忍耐強く待ち、情報をふるい分け、密かに策略を練って問題をじっと我慢する。この場合、相手の問題とは僕らのことだ。表向きは親しげな笑顔を見せて、何もかもうまくいっているとこちらに思わせる。別れるときも愛想がよいけれども、もう一度招待されることはあるまい。相手の仮面は完璧で、透視すべきものがたくさんあるとは誰も思わない。表面がつるつるなので、思わず滑って転んでしまった。間違ったドアから入ったのに、そのことに気づかなかったからだ。相手の心を読む代わりに、相手に読まれてしまったらしい。

あなたが相手をある引出しに入れてレッテルを貼ったことに相手が気づけば、相手もあなたのことを引出しに入れるということを、憶えておきたい。

相手を低く評価している、または相手に対して先入観を持っている、と自覚することがあれば、三つのシンプルな質問に答えてみよう。

1. 自分が相手の立場だったら……
2. 相手と同じ背景を自分が持っていたら……
3. そう仮定した場合、自分は違った決定をしただろうか。それとも同じ行動を取っただろうか。

これであなたは一歩前進したことになる。なぜなら、これらの質問の答えを出せば、相手についてほとんど何も知らないことがはっきりするからだ。何年も一緒に仕事をしている同僚や社員についてもそれはいえるかもしれない。

視点を変えることによって視野が広がり、感情面でも知性面でも、行動する際の心のゆとりができる。情報員は、車や恋人や武器を替えるより頻繁に視点を変える。視点を変えて初めて、次に来るもろもろのことが可能になるのだから。特に、真の動機や背景を見極めたいとき、視点を変えることによって明澄な展望が得られる。

本当に考えたとき、考えたと思い込んだとき

僕は情報員として、何を個人的に受け止め、何を個人的に受け止めないか（こちらの方が重

要)、はっきりと意識して決める。

相手との間に摩擦のある状態であれば、相手が自分に対して敬意を払わず失礼な態度を取っている、いやそれどころか不公平に扱っていると感じることもある。

僕らの感情の仕組みは、こうしたことに対しても反応する。しかも、望もうが望むまいが、反応は即座に起こる。

問題はどのような反応をするかだ。甘んじて受け入れるか、それとも防ぐか。

相手から個人攻撃を受けたと感じて、そのままにするか。それとも別の態度に変えさせることができるか。

状況を説明しよう。相手の態度から、相手は社会的能力に欠けるということがわかる。今まさにそれが必要なのに、相手は持っていない。つまり、問題があるのは相手であって、僕ではないということになる。相手はその態度のせいで、ちょっとでも引っかかりがあれば、そこで足踏みしてしまう。僕が原因ではない。


人生でどのような状況に直面し、どのような人に出会うかについて、百パーセント左右することはできない。けれども、どのように反応するかについては、その都度自分で決定することができる。

攻撃されたと感じて、そのままにする？　嫌な思いをして、そのまま何もせずにいる？　それとも感情的な距離をとって、相手の心を読める状態にしておく？

誰かがあなたに対して軽蔑的な態度を取ったとすれば、相手が問題を持っているのであって、あなたではない。超然として気を楽にしていれば、ゆとりを持って行動できるし相手の心が読める。しかも、それによってあなたの魅力が増して人を惹きつけるようになる。周囲の人たちは、あなたに会うために防護措置を必要としない。次のようにたとえることもできる。あなたが防弾ベストを脱ぎ捨てれば、相手もそれに倣う。これこそ願ったり叶ったりではないか。邪魔するものなく相手の心が読めるのだから。

最初の手入れ――アルヌルフ通りのバスターミナル

情報局本部
火曜日
9/14
午後六時十分

「いよいよだわ」

僕がザビーネの部屋を訪れると、彼女は開口一番そう言った。

バスはイスタンブールを出発してミュンヘンに向かっている。ミュンヘン到着は明日午後七時の予定だった。

ザビーネは黒の書類ケースを差し出した。

「イスタンブールの情報源によると、ドイツへの不法入国者が最低四人は乗っているらしいわ」

「どうしてわかったんだろう?」

「バスに乗る前にサライ旅行社の係員からさりげなくパスポートを渡された男が四人いたんですって。情報源が見ていたの。渡されたのは四人だけで、やはりさりげなく受け取った。でも、係員がいなくなると、すぐにパスポートを取り出して、手で触ってみたりページをめくったり、隅々まで舐めるように調べたんですって。特に名前や生年月日が書いてある写真のページを長いことじっと見ていた。一人は声をたてて笑ったとか」

「ふうん。新しい身元に馴染もうとしていたわけか」

「あなただって経験あるんじゃない?」

ザビーネはにやりとほほ笑んだが、すぐに真顔になった。

「それと、この四人は他の乗客に比べて荷物がかなり多かったそうよ。イスタンブールの情報源は、以前自分でも密出入国の斡旋をしていたから、このビジネスに詳しくて、絶対に間違いないって」

「乗客は全部で何人？」

「五十六人」

「五十六人中四人か。少ないな」

五十六人中四十人だったらもっといいんだが。

「最初にしては上出来よ。ざっと見積もるとね、サライは週に一回ないし二回の割合でこの路線を運行しているの。もう何年も前から。とすると、不法入国者は四百人に達するかも」

「課長には話してあるの？　いよいよ連邦警察局の出番だからね」

「警察には課長から電話してもらうのが一番ね。いいコネがあるから」

「うん。あの人、ほんとに人脈が豊富だからな」

確かにそうだ。課長は典型的な交際派だから。だが、幸いなことに他の性質も持っている。行動派や分析派としての課長を僕はもう何度も見ている。実に経験豊富で腕の立つ情報員で、誰とでもすぐにつながりを作り、人間関係のレベルで好印象を与える。僕が模範とする先輩の一人だ。

年かさの情報員の多くは、警察をＢＧＳ、つまり連邦国境警備隊と呼ぶ。新しい習慣が浸透するのにも、一度根づいた習慣が人々の頭から拭い去られるのにも、時間を要するものなのだ。連邦警察局と改称された後も、主要任務の一つが国境警備なので、密出入国や不法滞在のケースを最初に報せるのは警察だ。

「バスの到着場所は？」と課長が訊いた。

「アルヌルフ通り」とザビーネが答える。

「時間は？」

「すべて予定通りに行けば、明日の夜七時ころになります」と僕が答えた。

課長は受話器を取り、連邦警察局の担当者に情報局が把握している状況を伝えた。そして次のように結んだ。

「それでいつもと同じ頼みなんだが、情報局が関与していることは口外しないでくれ。通常の検問として扱い、一切記録に残さないでほしい。この電話のことも含めてだ」

情報源を危険に晒さないための措置である。それに、手入れの後も支障なく活動を続けられなくてはならない。

課長はしばらく相手の話を聞いてから、バスのナンバーと、おおよその中央バスターミナル到着時刻を告げた。

「偽造パスポートを所持していると思われる」

課長はそこでもう一度間を置いた。

「この情報はおそらく正しいと情報局は評価している」

課長は別れの挨拶をして受話器を置き、僕らに向かって頷いた。

「明日午後五時から待機するそうだ」

「僕も現場に行きます」と僕が言うと、

「よし」と課長が応じた。

ミュンヘン、アルヌルフ通り

水曜日 9/15 午後四時四十五分

僕は、手入れの前に連邦警察局の作戦実行指揮官と連絡を取った。情報局の監視チームは、オーストリアとの国境をバスが通過したのをすでに確認しており、そこからミュンヘンまで追尾しているところだった。「到着まであと十分」という連絡を受けると、僕はBMWに乗り込んだ。車はバスターミナルからかなり離れているが、警察の動きが観察できる位置に止めてある。出動した警察官はそれぞれの配置につき、すぐに行動に出られる態勢を取っていた。バスターミナルの手前に互いに距離を置いて駐車したフォルクスワーゲンのスプリンターバス四台には、検問のための装備がいっぱいに積み込まれている。

駐車場に人の姿はなく、警察による通常の保安検査という印象だ。連邦警察局はこのようなケースのために完璧な装備を備えている。古典的な備品である防弾ベストや、アルコールおよび麻薬探知機はもとより、移動式作戦本部、中央制御装置とオンラインでつながれたノートパソコン、コピー機などが備わっており、本案件のように精密に偽造されたパスポートを現場で洗い出すためのハイテク機器完備の科学捜査研究所まである。

来た。件のバスが左方のアルヌルフ通りから、バス停車帯を通って広大な駐車場に入って来るのが見えた。いよいよ見物だ。と、すぐにパトカーが一台、バスの前に乗り着けると同時に青色警告灯が点灯し、「ついて来るように」の合図で明るく照明された検問所までバスを誘導した。そこへ右側から二台の緊急車両が不意に現れてバスに接近し、二つの降車用ドアの前に停車した。乗客が勝手に降りられないようにするためだ。こうしないと状況をコントロールすることができない。警官が運転手に、通常の乗客検査なので、全員座席に座ったまま静かに身分証明書を用意するようにと、マイクを使って知らせるよう指示した。

一人の警官がパスポートを集め、もう一人がすぐ後ろに従う。警官は乗客からパスポートを受け取ると、開いて持ち主の顔を見る。写真と比べると同時に、神経質になっていないかを確認しているのだ。それが済むと、後ろについた警官がパスポートを受け取って灰色の箱に入れる。集め終わると、運転手の横に戻って外にいる警官に箱を渡し、バスに残って見張りに立つ。ドアは閉じられている。

心地のよい仕事ではない。空気はピリピリしている。二十五時間、短い休憩を数回取っただけであとはぶっ通しで走ってきた後だから、乗客は一刻も早く外に出たいはずだ。トイレに行きたい人、タバコを吸いたい人、外の新鮮な空気を吸いたい人。この状態では、転位行動に出る人がいてもおかしくない。特に、この瞬間に何もかも失うかもしれない人たちが危険な精神状態にあることは言うまでもない。

不法入国した四人は、どのような態度を取るだろうか。こっそりとバスから抜け出そうとするか。それとも循環虚脱のふりをするという古典的な方法を使うか。誰かをけしかけて殴り合いの喧嘩を引き起こし、どさくさに紛れて逃げようとするという手もある。素早く武器を取り出すかもしれない。どれもこれまで実際にあったことだ。四人の不法入国者はまさに大変な思いをしているはずだが、いったい何者なのだろう？

警官がパスポートを集めたときには一人もバレなかった。移動式作戦本部における厳密な検査に耐えうるのだろうか。細密検査がいま行われている。間もなく警察は四人の不法入国を証明するだろう。そうなれば僕とザビーネの出番。背後で糸を引く黒幕を探り出すのだ。

パスポート検査では、必ず二つのことを調べる。一つは持ち主が指名手配されていないか、合法的に国内に滞在しているかどうかである。もう一つは、パスポートが偽造されたもの、または一部改変されたもの、または盗難届が出ているものでないかどうか。パスポートの偽造は稀ではなく、実によくできたものもある。紙、写真、ラミネートフィルム、ホログラム、旅券番号、名前などすべて完全に新しく作り上げたもので、一目見ただけではわからない。いや、素人目にはじっくり見ても見破れないだろう。

だが、実際に使われるのは、一部改変したものの方がずっと多い。本物のパスポートや身分証明書のどこかに手を加えたもので、ラミネートフィルムを端っこのところから少し剥がして写真を抜き、別の写真を入れるか、またはラミネートフィルムを丁寧に取り去って写真を取り替えるなどの方法がある。または、よく切れるカミソリを使って数字あるいは文字を書き換えるという方法もよくある。

たとえば、数字の〈8〉の左下の部分を削いで、つまり紙の上のインクを削り取って〈9〉に見えるようにするなどだ。その逆も多く、墨と細い筆を使って、たとえば

〈9〉または〈6〉を〈8〉に書き換える。長さ二ミリにも満たない細い線または削り跡なのに、その効果は大きい。

指名手配中の故買人でアンカラ出身のトゥルグート・チェリック、生年月日〈1978. 04. 18.〉は、生年月日〈1978. 04. 19.〉の品行方正な市民となる。または逮捕令状の出ているハルトムート・バウマン、生年月日〈1969. 01.16.〉は、警察の捜査情報システムに登録のない〈1968. 01. 18.〉生まれの人物となる。数字が一つでも違えば、警察局のコンピュータは認識しない。東欧やバルカン地域では、プロの偽造業者がかなり頻繁に検挙されている。

現在ではさまざまな偽造防止技術が各パスポートに施されているため、偽造業者もそう簡単には偽造できない。世界のほとんどの国のパスポートはラミネートフィルムまたは蛍光性線維を使って加工してあるので、紫外線を当てればカミソリの跡は目で見てわかるほどだ。素人細工のものであれば誰の目にもわかるし、巧みに改竄したものでも経験者が見れば発見できる。

五十六のパスポートと乗客を調査するのだから、かなり時間がかかる可能性もある。しかも、検査によってそのうちの四つが偽造に違いないとされているが、どの四つかわからないのであれば、なおさらだ。そうした状況では、見つけてやるぞとさらに意気込む捜査員もいれば、無能であると思われないようにと頑張る者もいる。動機が何であるにせよ、結果は変わらない。各パスポートのすべてのページを隈なく調べ、各ページに記載されたすべての文字や数字を徹底的に、偽造の特徴を記したカタログと照らし合わせる。これには時間がかかるし神経が磨り減る。といっても連邦警察局の側というよりも主として乗客の側だ。

バスの中は適度に快適ではあるが、狭くて暑い。長い走行の後でさらに待たされれば、イライラがつのる。僕の観察位置から、運転手が警官と話しているのが見える。おそらく、乗客を車内に閉じ込めておくのは無理がある、と説得しようと試みているのだろう。二人の警官は親切だが、きっぱりとした受け答えをしている。

それから四十五分後に、警官の一人がパスポートの入った箱をバスに運んだ。いよいよ四人の乗客が連行されて詰問されるのだ、と思っていたら、ドアが開放されて乗客が外に出てきた。全員だった。「収穫ゼロ」と指揮官が報告するのを聞いて、僕は目と耳を疑わずにはいられなかった。指揮官の表情を見ればすべては明らかだ。

「どこにいるんだい、不法入国者とやらは？」別の警官が僕に訊いてきた。

「あの中にいなかったのか？」僕は小声で訊いた。

「ゼロ」指揮官の答えはさっきと同じだ。

いつもなら僕はちょっと生意気だけど気の利いた受け答えをするのだが、このときばかりは言葉が出なかった。

「え？　一人もいなかったのか？」と課長が言った。信じられないといった表情だ。僕が冗談を言っているとでも思っているのだろう。

「一人もいませんでした」僕が頷くと、「じゃあ、これからどうしたらいいの？」とザビーネが言った。

「捜査を続けるんだよ」と僕は答えた。

情報員マニュアルより

犯罪学的嘘発見

犯罪学においては、確証のある痕跡、指紋、ＤＮＡ、犯人だけしか知らない事実など、物的証拠が現在も重要な役割を果たす。こうした動かしようのない明白な事実を中心として、なるべく賢明な尋問戦略を構築する。このとき求めるのは、事実関係と矛盾点。目的は自己防衛のために黙秘するか嘘をつく容疑者をついには自供させること。それが無理なら、自供がなくても犯罪を立証すること。弁護士が勧める供述を容疑者がことごとく拒否するとすれば、それはその事件が捜査する甲斐があるという明らかなしるしである。投入する時間と労力とノウハウに対して、最後には十分な見返りがあるというしるし。隠すものがない者は、黙秘することもないからだ。

だが、確かな事実や有用な痕跡やわかりやすい兆候がなかったら、その場合はどうするか？着信履歴が何度もあるにもかかわらず、その番号は知らないとパートナーが主張したらどうするか？　子供が「僕じゃない」と言ったきり頑として口を開こうとしなかったらどうするか？

こういう場合には、単なる尋問戦略や巧みな尋問技術以上のものが求められる。

サライの案件はまさにこの類いに含まれる。この案件の場合、疑惑はかなり濃厚で、複数のV人材からの指摘が多数ある。V人材は、情報局と協働しているので、証人席に座らされることはない。そして、そのおかげでどこから情報がリークされたかがバレることもない。ただし、情報局と警察、そして検察庁にとっては、押収、逮捕、犯罪者周辺の電話盗聴といった措置を取るための根拠としてV人材の証言を挙げることができない、というマイナス面もある。そう、このシステム自体に不条理が含まれている。確かに構造に問題がないわけではないが、それでもこれがなければ治安当局に入る情報はずっと少なくなるだろう。だから、国家が目隠しされてしまわないために別の方法を取る。確固とした事実から離れて、ソフトスキルとも呼ばれる、コミュニケーションに必要なさまざまな能力を使う。

ビュレントの依頼でティホフが二人の男をミュンヘンからデトモルトに運んだとき、何か怪しいと感じた。特に、二人の振る舞いや身体的な反応からだった。恐怖のにおいがした、と彼は表現した。それだけなら特に犯罪学には結びつかないが、ティホフの推測は適切だ。ティホフが犯罪学的嘘発見について学問的に学んだとは思えないが、彼の直感、観察力、そして人を見抜く目に、僕はかなりの信頼を置いていた。

注意深く観察すれば、人が嘘をついているかどうかを見抜くのは基本的にはたやすいのではないか、と思うかもしれない。だって自分の体験からそのくらいわかりそうなものじゃないか。——と思ったら間違いだ。だが、少なくとも悪名高い嘘発見器が探知する程度のこと、つまり相手が神経を高ぶらせているのはわかる。嘘をつくと神経が高ぶる。嘘発見器は、質問が行われている間、被質問者の呼吸、血圧、脈拍、皮膚の導電率など、いくつもの身体機能のパラメーターを記録する。だが、人間が嘘を探知するやり方は違う。

嘘をつくというのは、人間の脳が行う最も複雑なプロセスの一つだ。嘘をつけば、二重または三重、いや場合によっては四重の帳簿をつけなければならない。浮気していることを妻または夫に隠そうと努めた体験のある人は、僕の言う意味がわかるはずだ。嘘をつくと、精神的にも肉体的にも負担がかかるので、自分ではそのつもりがなくても、ふだんとは違った振る舞いをする。もっともプロの詐欺師はこれに当てはまらない。

嘘をつくと、自分の話す内容に注意を百パーセント向けなければならないので、他のことに対する集中力が足りなくなる。百パーセント真実であるという印象を与えるためにはあらゆることをコントロールしなければならないのだが、それができなくなる。ボディランゲージはもとより、そもそも声音や抑揚はどうだろう。いつもと同じだろうか。

実際に体験したことは脳に記録されているから、いつでも引き出して語ることができる。前からでも後ろからでも、順序ばらばらでも大丈夫。ところが嘘をついている人は、何を話すにしても、まず真実を頭に浮かべてからでなければ話を構築できない。しかも話しながら、常に首尾一貫性や従属関係に気を配り、どこまで知っているべきか、矛盾はないかと考えなければならない。だから時間的な余裕がない。時間がなくて、いつも大きなプレッシャーを背負っている。素早く考えて、素早く言わなければならない。しかも、絶対に誰にも気づかれてはならない。だからプレッシャーには終わりがない。

このプレッシャーを見破るために、二つのことを知っておきたい。

1. 相手はふつうの状況でどのように振る舞うか。
2. 相手が通常の行動から逸脱してほんのわずかでもプレッシャーの兆候を示すのは、どの瞬間か。

まず知っておいてほしいのは、嘘探知のための目印として百パーセント信頼の置けるものは存在しないということだ。また、嘘をつくとき視線を右上に泳がせると俗に言うが、これもまったく当てにならない。要は通常と違う振る舞いを看取することにある。そのためには、あなたが質問を言い終えた瞬間が最も適している。相手は答える前に真実を思い浮かべなければならないからだ。このとき脳にかかる負担が極端に大きいので、他のことをコントロールできなくなる。

通常の行動からの逸脱にはいろいろな表れ方がある。あなた自身の場合はどうだろう? あなたは、自分のことをどのくらい知っている? いつもより冷静になるか、それとも活発になるか。質問を受けてためらうか、それとも慌てて答えるか。ぞんざいな答えになるか、それとも慎重に答えるか。すぐに視線を逸らすか、それともほんの一瞬、相手を見つめてしまうか。思わずにやりとするとか笑い出すこともあるかもしれない。動悸が激しくなる、呼吸が速くなる、顔が紅潮する、額に汗が浮く、といった変化が起こるかもしれない。その変化は人によって違う。けれども変化は必ず起こる。情報員が注意を払うのは、そうした行動の変化や身体に表れたプレッシャーのしるしだ。

僕は尋問の前に次のような質問をする。

「拘置所での一夜は何も問題なかったか？」

「奥さんと話をする機会はあったのか？」

「役人は親切にしてくれたか？」

これは、被尋問者と雑談をしたいからではない。役人についての質問は、相手のことを本当に思ってのものだ。他の質問はコミュニケーション上の方策で、人間関係レベルで相手に好印象を与えるためのものだが、目的は相手の通常時の行動を観察することにある。問題とは関係のない質問、精神力を振り絞らなくていい質問を受けたとき、どのように返答するかを知ることにある。そして次に来るのが、相手の力を消耗させる、問題の核心をつく質問だ。

「発砲があったときどこにいた？」

「犯行時刻にどこにいた？」

「死体が自宅の地下室にあったのはなぜだ？」


だが、ここには一つ落とし穴がある。情報局員または刑法学者から尋問されるということが、すでに十分なプレッシャーの原因になるのではないだろうか。実はその通りで、このために事情は複雑になる。もしかすると、あなたも車を運転中にこんな経験があるかもしれない。

アルコールは一滴も口にしていないし、携帯電話を耳に当てているわけでもない。シートベルトはきちんと締めているし、車はよく整備され、やましいことなど何一つした覚えがない。

赤信号で停止したとき、横に停まったパトカーが目に入った。車内の二人の警官が自分の方を見ている。そのとたん、心の奥に潜んでいる罪の意識が顔をのぞかせる。おっと、ヤバいことは何もないよな。免許証は持ってるし、車検証もある。あとはここでヘマをしないことだな……。そう、こんな感じで咄嗟に、どことなくいつもと違う振る舞いになる。自分でもほとんど気づかずに、自分をコントロールしようとしている。それによってぎこちなくなり、何か変だぞ、怪しいな、という印象を与えてしまう。

誰かがあなたのそんな様子を見てそのまま受け止めれば、よほどヤバいことをしたんだろうなと結論づけてしまうだろう。その点は警察も心得ているし、僕ら情報員も知っている。それでも逮捕してしまうことがしばしばある。だって、何もやましいところがないなら余裕を持って行動するはずではないかと考えるからだ。警察にとっては腹立たしいことなのだ。そして当然のことながら、何もしていないのに嫌疑をかけられた人も実に嫌な思いをする。一度何かを信じたら、それを捨て去るのがなかなかできない人間が多いのだから、なおさらのことだ。早いうちに引き返せばいいものを、そうしないで袋小路にまっしぐらに突っ込んで行く。だからこそ、評価者にとっては修正することがとても重要となる。

僕もザビーネから「レオ、間違った方向に考えを進めているんじゃない？」と何度か言われた。彼女の意見を聞き入れてUターンしたのはよかったと思う。

情報員は、大きな未知とともに生きている。嘘を認識することはできないとあなたは知っている。僕らが認識するのは通常の行動からの逸脱で、それによって怪しいと感じる。周囲の人がいつもと違う行動を取るのを、あなたもこれまでに何度も見ているはず。子供のある人は、特にはっきりと感じるだろう。たとえば、ふだんなら勢いよくドアを開けて朗らかに家に入って来る幼い息子のヘンドリックが、しょんぼりと打ち萎れて音も声もたてずに家に入って来たら、それだけで十分。朝出勤して上司の顔を一目見れば、機嫌がよいか悪いかわかるという人もいる。

サライ旅行社が運行するバスに、筋金入りの分析派が乗っていたとする。この男性は、通常なら自分の感情を厳格にコントロールすることができる。ところが、五十万ユーロ相当のヘロインを靴の中なり服の下なりに隠し持っているときに限って、神経が持ちこたえられなくなってしまった。それまではかろうじて抑えていたのだが、ユニフォーム姿の警官を見ると、もうだめだった。検査に当たった警官もそれを見逃さなかった。

「ちょっとバスから降りてもらおうか」

両手を小刻みに震わせ、ぐっしょりと汗をかいているからには、よほどのものを隠しているに違いない、と警官だって考える。その推測は、このときは当たっていた。けれども誤ることもある。というのも、警察による検査を受けると、他に何の理由もないのに震えたり発汗したりする人がいるからだ。つまりその人たちにとっては、警察の検査が十分な理由となる。

そのため、精神的圧迫の兆候が状況のせいなのか、それとも未知の要素のためなのかを見破ることが、捜査員に課せられた困難な任務である。未知の要素には、ネットオークションが進行中だから早く家に帰ってパソコンのスイッチを入れたい、というものもありうる。

小さな嘘、大きな嘘を見抜くには?

相手が通常どのように振る舞うかを心に銘記しよう。

✓他愛ないおしゃべりをして、正直に話しているときに相手がどう振る舞うかを心に銘記する。
✓顔の表情と振る舞いを銘記する。

それでは、相手が脳をフル回転させなければならない状況になったらどうか。

変化に気をつけること。

✓別の振る舞い方をする、ある振る舞いをしなくなる、振る舞い方が変化する。
✓相手の顔の表情、ボディランゲージ、振る舞いで、変に思われるものはないか。
✓作り笑いなど、意識的に作った表情ではないか。
✓表情やジェスチャーと言葉を発する順序が違っていないか（通常の状態では、感情は最初に発せられる言葉より先に表情やジェスチャーに表れる）
✓ある表情（驚きの表情など）が長く続く。

心にストレスがあるときの典型的な徴候に気をつける。

✓声が上ずる。
✓遅延のしるし――間を取る、繰り返す、考えながら話す、つっかえる、など。
✓不自然な答え方（質問が終わる前に答え始める）。
✓身体的症状――しじゅう瞬きをする、ストレスによって生じる身体の反応。

身体を意識的にコントロールしているしるし。

✓ぎくしゃくして、ぎこちないボディランゲージ。
✓短いジェスチャー。始まって、そのまま消えてしまうこともある。
✓ふっと表れては消える、本人が意識しない表情（隠された感情への糸口となる）。

次の三つの感情を示す典型的な徴候。

✓見破られることに対する不安（精神的圧迫を示すもの）。
✓罪悪感（悲しそうな表情、一人称の「私」「自分」を避けて一般化した話し方をする）、話し相手と別の方向に身体を向ける。
✓騙すことへの喜び（嘘をつき慣れた人、ペテン師などの顔に表れることのある、場にそぐわない表情）。

話の内容について、次のようなポイントに気をつける。相手の話にこうした典型的な特徴が欠けているのが目につくようなら、相手は嘘をついている。

✓さまざまな話の細部
✓珍しい話の細部
✓理解されない話の細部
✓思考や感覚についての細部
✓時間と空間についての細部
✓言い争いについての細部
✓問題点についての描写
✓矛盾のない内容
✓記憶の隙間についてのそれなりの理由
✓順序よく構築されていない語り口

おかしな点が多ければ多いほど、相手は嘘をついていると確信できる。ただし、相手の行動の変化についての他の理由を除外すること。

平常時の行動を調べてから変化を観察するまでの時間が短い方がよい。適切なテーマを選んだら、次々とテーマを変えて質問しよう。

相手のストレスを高めるには……

✓たたみかけて質問する。特定のことを突っ込んで訊く。時間を前後に飛躍させる。
✓「はい」「いいえ」で答えられる質問をしない。
✓黙っている。長い間を置く。
✓相手がうっかりと知識を漏らすよう鎌をかける。

〈007〉情報員とっておきの方法。

✓嘘をついている本人だけが罪を責められているとわかる質問をする。
✓嘘をつくことが重大な意味を持つことを示唆して、相手の不安や罪悪感を高める。
✓自分は嘘を暴くのがうまいという印象を相手に与えて、嘘をつくことへの相手の不安を高め、正直に話すことに対する不安を最小限にしてあげる。
✓相手とよい関係になるよう気を配ることによって、嘘をついていると思われる相手の罪の意識を強める。

次のようにして、相手がはっきり返事をするよう仕向ける。

✓嘘を認めることによってストレスから解放されて自由になる、という印象を強めてあげる。
✓忌まわしい嘘VS正しい真実、という二つの道をはっきり示す。
✓倫理上の恩赦——相手への理解を示し、人と行為を切り離して考える。このとき、人を低く評価しない。

情報員適性テスト

ここで、あなた自身が嘘をついてみる。臆面もなく嘘をついてみよう。どんなことがあなた自身に起こるだろうか。どのように感じるだろうか。——嘘に気持ちを集中しなければならないので、そんなことに気を配る余裕がない？　その通り。嘘をつくには大変な労力を要することがわかるはず。とてつもなく大きな精神的ストレスを受ける。脳にとっては、ハイパフォーマンスを要求するスポーツと同じなのだ。

Chapter 4

代替プランのための A人材

情報局本部

木曜日 9/16 午前九時

僕とザビーネは、潜入捜査を今後もっと徹底させることに決めた。トルコからの情報についてフィリップに確認してもらったところ、イスタンブールの出来事については完全に報告通りだったと当地の情報源が断言したという。目につくほどたくさんの荷物を持参した男性四人が、乗車前にパスポートを渡された。そのときはすぐにポケットに入れたが、後で取り出して、長いこと欲しくてたまらなかった品物がやっと手に入ったかのように、さも嬉しそうに見ていた、ということだった。

「だけど、パスポートは本物だったわけよね」

ザビーネはいかにも腑に落ちない様子だ。僕は解決案を探す。

「四人が途中で下車した、ということは考えられるかな」

「出発時、到着時ともに乗客五十六人、運転手二人だったのよ」

「四人が下車して、別の四人が乗ったとか？」

「そんなことをする意味があるかしら？」

ザビーネが訊いた。

僕はかぶりを振り、「もっと接近する必要があるな」と答えた。

僕らは、バルカン地域を専門とするフィリップと作戦を練った。フィリップが担当するV人材の一人に、乗客としてバスに乗ってもらうのはどうだろうか。これ以上の接近は考えられない。

「これで捕まるわね」

ザビーネは成功を確信しているようだ。


チャンスが訪れたのはそれから一週間後で、不法入国者の数も九人と大口だった。フィリップが選んだのは二十八歳のトルコ人で、親戚が何人もイスタンブールにいるので、定期的にドイツ・トルコ間を往復している人物だ。これで、僕らの目となり耳となってくれる人物ができたことになる。

V人材には男性ばかりではなく女性もいるが、彼らは国家機関の役人でも情報局員でもない。情報局が興味を持つ世界に生きている人々や、情報局がターゲットとする人物とつながりのある人々だ。組織の周辺にいる人間やちょっとした仕事を引き受けている人間である場合が多く、

内密の話や計画や行為を情報局に報告できる立場にある人々だ。僕とザビーネが最も興味を持っているのは、犯罪組織の世界である。

犯罪組織は、多数の下っ端組織の悪党に潜伏場所を提供している。イソギンチャクの触手を縫って泳ぐクマノミのように、彼らはこの世界であちこち動き回っている。周囲の出来事の動きを見聞きして、情報を常に更新する。それが彼らの生存を保証する。僕らが接触するのはこだ。というのも、クマノミは情報を得るのに熱心だからである。ただし、優秀なV人材に必要なのは、接触するための条件が整っていることだけではない。周囲の人間や状況を鋭く感じ取る繊細な感覚が欠かせない。

V人材がいなければ諜報活動は始まらない。彼らから得られる情報は、技術を駆使した監視システムから得る結果より価値が高いこともよくある。彼らのおかげで、隔絶された状況で活動する犯罪の世界を垣間見ることができる。この世界は、はっきりと意識して嘘をつき、偽装し、欺く。それは、彼らの目的や戦略やネットワークが外に知られるのを好まないからだ。ただし、この世界をちらりと覗くために、カネが支払われるわけではない。

そもそもV人材が情報局に協力するのはカネのためではない。カネは動機としてはあまり役に立たないし、長期的な動機にはなりえない。だが、情報局がカネで釣らない理由は他にもある。もたらす情報の内容に応じて報酬が決まるとV人材が気づいたら、面談のたびに話の内容がスリルに富んだ立派なものになることは目に見えている。人名、車のナンバー、住所、電話番号などすべて実在のもので、情報局が確認できるような細部で飾り立てられているのだが、それらの関連性、人々が抱く発想とそのつながり、ヴィジョンや狙いといったものを信用することはできない。なぜなら、それらは現実とはあまり関係がないからだ。しかも、それとは別に、彼らは仲間を裏切ってカネをもらっているという後ろめたさにしじゅうつきまとわれる。これは解決されずに残るので、時とともに問題が生じる。

これでは僕らが求める長期的な協力関係は育たない。この点でも諜報機関は警察と違う。警察の活動は、比較的計画性がある。事件が起きて、捜査が行われる。公開捜査と非公開捜査があり、手入れ、家宅捜索、身元確認、逮捕となる。これで一件落着し、捜査を終了する。

諜報機関の任務は、傾向や風潮を理解することにある。誰がどこで、誰とどんなビジネスをしているかを知るのが日々の仕事だ。そのためには、適切な人々を長期的に適切な場所に配置する必要がある。そのため、V人材との関係も長期的に築かれ、五年ないし八年続くことも稀ではない。カネの力だけではこうした関係は得られない。情報局に協力する別の動機がV人材になくてはならない。圧力をかけたり脅迫したりしても無駄だし、もっともな根拠を使って説得することもできない。犯罪組織の下っ端を捕まえて壁に押しつけ、口を割るまで放さないぞと脅しても、誰から仕事をもらうか、誰が決定権を持つか、犯罪行為による儲けは誰の懐に流入するか、といったことは聞き出せない。V人材に対して通用しないばかりか、僕らの日常生活ではもっと通用しない。

あなただって、こんなふうに脅す人間の頼みを聞いてあげる気にはならないだろう。僕が少しでも圧力をかけようとすれば、相手が誰であろうと同じ反応をする。何も知らない、いっさい記憶にない、と言うのだ。突然何もかも忘れてしまい、こちらがすぐに証明できるようなことしか言わないだろう。

こうなると情報員に残されたチャンスはたった一つ、人間関係レベルである。相手があなたのために何かをするように仕向けなければならない。百パーセントあなたのためで、組織や情報局や企業といったあなたの背景にあるネットワークは、副次的な役割しか持たない。相手があなたのために投資したくなるようにするには、人間についての洞察力が必要だ。それが成功の道への切符となる。

情報局との協働の話を持ちかけたとき、ティホフは最初ためらった。だが、しばらくすると、僕とのつながりが自分にとってもプラスになると悟ったらしい。それは人間関係のレベルという、彼が夢にも思わなかった部分だった。彼がそれを人に明かすことはあるまい。身の危険が大きすぎるからだ。そして、それは今後もっと大きくなるだろう。

彼が運び屋として働いていた犯罪組織に、空白状態ができた。どういうことかというと、かなり高い地位にあった人物が警察の取り締まりによって捕まり、空席ができた。ビジネスが滞らないために、組織は早急にその地位を埋めなければならない。情報局はそこにティホフを就けられるのではないかと踏み、そのための作戦を万全に整えた。そして、それを可能にしてくれる決定的な情報をいち早く手に入れた。うまく行けば、犯罪界の深淵のさらに深い部分へ、組織のヒエラルキーのさらに高いところまで、僕らの目が届くようになるかもしれない。

けれども、すべてのV人材がティホフと同じ資質を持つわけではない。そのことを、フィリップからの報せでまた思い起こすことになった。イスタンブールでバスに乗ることになっていた彼のV人材が、乗りたくないと言い出したのだ。

「気が変わったらしい」

と言ってフィリップは肩をすくめた。

ザビーネは何も言わずにプッシュピンを手で弄んでいる。見ていて危なっかしい。

「この前もそうだった。彼に任務を与えたんだが、その後急に実入りのいい仕事を見つけてさ」

とフィリップが言った。

「確か別の案件だったね」

このときのことを、僕も憶えていた。

「そんな役立たずをまた頼りにしたわけ？」

ザビーネがフィリップをジロリと睨む。

「そっちのＶ人材だって半年前に黙って姿を消したじゃないか。それっきり音沙汰なしだろ」

フィリップは自己弁護を試みたが、論拠は弱い。

ザビーネは冷ややかに受け答えする。

「それとこれとは比較できないんじゃないかしら。第一にまったく関係のないことがらだし、第二にこっちのＶ人材は、引き受けた任務を直前になって台無しにしたわけじゃないもの」

僕は一瞬ザビーネと目を合わせ、近道をすることにした。

「代替プランで行こう」

万全を期す——揺さぶり走行

ミュンヘン

木曜日
9/23
午前十時四十五分

ティホフ専用に使っている携帯電話の通話ボタンを押す。

「ヤー（はい）」

それは、今は話をして大丈夫という合図だ。まずい仲間と一緒にいるような場合には、ロシア語の「はい」を意味する「ダー」で受ける。そんなときは、楽しくやっているらしい話し方で、すべて計画通りに運んでいるから大丈夫だ、と言ってすぐに通話を終わらせるのが常だ。

「いつ会える？」

「俺の方はすぐがいい。後から仲間がこっちに来るから、夜は出られない」

「わかった。じゃあ、すぐに会おう」

僕らが会うのは危険がないと思われる場所だ。二人が知っており、電話で名前を出さずに説明できる場所を使う。第三者が耳にすれば、ボヘミアの村かと思うだろう。だが、今回は時間がない。

「市街にいるのか？」と僕は訊いた。

「車で移動中だ。オイロ・インダストリーパーク（大型ショッピングセンター）の近くにいる」

「じゃあ、カレの駐車場で会おう」

「え？　どこ？」

「デザイン家具のアウトレットショップ」

ティホフはそれを聞いて笑った。

「十五分で着くから」

と伝えて、僕は赤いボタンを押した。

十四分後に約束の場所に着くと、ティホフの車高の低いメルセデス・ベンツSLKはすでに駐車場に止まっていた。僕は電話をかけて、「僕の車を追ってくれ」と指示を与えた。


V人材との予定外の面会には特に危険が伴う。裏の世界の人間は、誰一人として信用しない。互いに互いを疑っている。さまざまな方法で外界から隔絶するばかりでなく、構成員の身辺を絶えず調査し、監視し、コントロールしている。いつどこで見張られているかわからない。

ティホフの場合もこれまで二度、追跡車を振り切ったことがある。これを揺さぶり走行と呼んでいる。彼の情報局とのつながりがバレたら、大変なことになっていただろう。ロシアマフィアの一員である彼は非常に大きな危険に晒されており、作戦を実行する際にいつも多大な労力をかけている。そして、その労力には大きな価値がある。

ティホフの車はレザーシートのオープンカーで、タバコのにおいにもかかわらず、彼の服からレザーのにおいがすることがある。僕のBMW3シリーズの後をティホフの車が追う。二台の車は〈閘門〉を一つ通過した。〈閘門〉とは情報局の隠語で、方向転換などの操作をいくつか巧みに行うことによって、追跡車がないことを確実にするものだ。ティホフとはハンズフリー通話で連絡を取り、右折または左折、停止、発進などの指示を与えた。彼はこのゲームの要領を心得ていて、過去の揺さぶり走行ではいくつかの巧妙なヴァリエーションを付け加えた。五つの角を曲がり、別のトリックを二つか三つ実行すると、僕はつけられていないと確信した。

「その先を右折したところに車を止めて待て」

僕はティホフに指示すると、バックミラーから目を離さずに左折し、安全のために大きく迂回して指示した場所に向かった。

十字路のそばにあるテイクアウトのできるコーヒーショップ内に、客は僕らだけだった。美人だがむっつりとしたウエイトレスにエスプレッソを二つ注文すると、ティホフに訊いた。

「明日の予定は？」

ティホフは褐色の髪のウエイトレスに向かってにやりと笑いかける。

「仕事だよ。決まってるじゃんか。俺、働き者なんだぜ」

僕は頷く。

「そうだね。だからたまには休養を取った方がいい」

ティホフは怪訝そうに僕を見た。

「トルコ旅行はどう？」

「トルコか？」

ティホフは目を輝かせた。ロビンソンクラブの仲間がトップレスの女の子たちにマッサージしてもらったと彼は言う。

「なあ、あの子たちには秘訣があってさ……」

「かなり短いかもしれない」

僕はティホフの話を遮った。

「なんでだよ」

「君の休暇は半日だけだ」

「それじゃ休暇とは呼べないぜ」

「まあそう言うな。トルコに行けるんだ。青い海。太陽が燦々と降り注ぐ。確かに短い休暇だけど」

僕は少しガタガタするカウンターテーブルの、砂糖入れの横に航空券を置いた。

ティホフは反射的にそれを手に取った。よい兆候だ。もちろん買う前に彼に訊くべきだったけれど、たまたま格安チケットが見つかったのだ。インターネットで調べたら六十ユーロの航空券が一枚だけあったので、半分神頼みでティホフの名前で購入した。情報局の作戦行動では安全対策にカネを出し惜しみすることはない。それでもこの件におけるティホフのための他の出費には少し贅沢ができた。僕らのビジネスは犯罪組織が相手なので、作戦の実行にかかる金額は半端ではすまない。今回は運がよかった。

連邦財政は各州財政と同じく諜報活動に一定の予算を割り当てている。いわゆる作戦活動費だ。財布が空っぽでは捜査はできない。ロシア人同僚は、今でもソ連時代のKGB（ソ連国家保安委員会）のエピソードを語る。ウォッカを買うカネすらなかったために、情報員全員が事務所にたむろしていたことがあったそうだ。ティホフたちロシア人にとって何より大事な条件だろう。

わが国の情報局の状況はそれほど緊迫していない。特に二〇〇一年の同時多発テロ以降は本当にゆとりがあり、多額の作戦活動費が投入されるので、ティホフの六〇ユーロの航空券代はしっかりカバーされる。ところが、言うまでもなく彼のステータスには合わない。ティホフは鼻に皺を寄せた。

「エコノミーかよ」

「まぁそう言うな。君の税金もそこから支払われるからさ」

トルコ人のV人材を使った方が賢明だったのは言うまでもない。乗客の話が理解できるし、何がしかの情報を聞き出せるからだ。ふつうならトルコ人ばかりのバスにロシア人を一人送り込んでも役に立たないのだが、すぐに動いてくれるのはティホフしかいなかった。それに、彼は僕の秘密兵器なのだ。彼ならトルコ語が一言もわからなくても事の成り行きが理解できるだろう。いや、もしかするとトルコ女性と付き合ったことがあって、片言のトルコ語がわかるということも、彼なら考えられる。いずれにせよ、代替プランはこれしかないのだ。

僕は二杯目のエスプレッソを注文すると、ティホフに重要な点を説明した。

「飛行機でイスタンブールまで飛び、空港からタクシーでタクシムに行くんだ。一流ホテルの部屋を予約してある。タクシムでは最高のホテルだ」

「ほんとかよ?」

ティホフは信じられないといった表情をしている。

「明後日そこからバスでミュンヘンに向かう。これが時刻表」

僕は、時刻をプリントアウトした紙をティホフに突き出した。

「この路線でかなり大がかりな密出入国が行われているらしい。君の乗るバスでは、少なくとも九人の外国人が不法にドイツに運ばれるはずだ。バスの中の様子をしっかり観察してほしい。国境で何が起きるか。神経質になる人はいるか。ボスは誰か。指示を与えるのは誰か。不法入国者は誰か。運転手はそのことを知っているのか。途中乗車または下車する人があるか。そしてそれはどこか。変わったことがないか、気をつけて観察してほしい。特に国境のパスポート検査のときだ。それと、ドイツとの国境に達する前に下車して戻らない人がいないかどうか、気をつけてくれ」

「で、俺はどこでバスに乗ればいい?」

これまで何度もあったことだが、ティホフが最初に知りたがる細部は出発点だった。そこから全体像を描き始めるつもりなのだから、もっともなことではある。

僕は、経緯を飛ばして要点だけ伝えることにした。

「サライのバスだ」と言ってさっきの紙を指す。

ティホフが目を丸くした。

「ビュレントか?」

僕は頷く。そう、これも少し引っかかる点だが、すでに書いたように他に選択肢がなかった。こうしてティホフに、覆面ではなく素顔でバスに乗ってもらうことになったわけだ。僕は携帯電話をティホフに渡した。

「すぐにビュレントに電話して、トルコに来ているけれど飛行機が取れなかったと話して、ミュンヘンに向かう次のバスはいつかと訊くんだ。バスが満員でも構わない、一刻も早くミュンヘンに帰らなければならない、そっちがどんな方法を取っても構わないから適当な運賃で乗せてくれ、と言うんだ。そして相手がどう答えたとしても、それは高すぎると怒鳴ってやれ」

ティホフはこうしたちょっとした芝居が大好きだ。僕の話を聞くと、予想通り目を輝かせて携帯電話を手に取った。

ティホフがイスタンブールに足止めされていると聞いて、ビュレントは声をたてて笑った。僕も思わずにやける。実際ティホフがビュレントのバスに乗せてほしいと頼むなんて、そのまま映画のストーリーになりそうだ。話がつくと、ビュレントは声を落とした。

「いいか、バカなことするなよ。先週もサツの取り締まりがあったんだからな」

「俺のこと、よく知ってるだろうが」とティホフは答えた。

「だから心配してんだ」

「おい、ビュレント、心配すんなって」

「必要な書類は揃ってるのか」

「当たりまえじゃないか。でなきゃ、どうやってここに来たってんだよ」

「おまえ、出身はどこだ？　ロシアか、チェコか、ポーランドか」

「ポーランドだと？　いい冗談だな。ロシア人だよ。だが、ドイツのパスポートを持ってる」

それは本当だった。ティホフはソ連崩壊後に、ドイツの各州が一定数の移民を受け入れたときに移住した独立国家共同体からの移民の一人だが、ユダヤ系であるために彼のドイツ滞在には最初から優遇措置があり、国籍取得の手続きもふつうよりすんなりと済んだ。ティホフのポイントはここでも加算されたのだった。

「じゃあおまえ、持ってないんだな」

ビュレントが念を押す。もちろん心配の対象を言葉で表したりはしない。電話で麻薬とか武器とか口にすることは絶対にない。ビュレントの世界の人たちは、盗聴や監視を恐れているからだ。ティホフの世界でもやはり暗号化した言葉を使う。はっきりと表現しないでぼかすのだ。

だから、このように連絡することはない。

「ヘロインを含む荷物を積んだトラックが、打ち合わせ通り今日の午後六時十五分にメンケベルク通り一五番に到着する。門灯を消して裏口で待っていてくれ。運転手のペーター・ミュラーが到着前に連絡を入れる。よろしく頼む」

これは、次のような会話になる。

「おい、準備はいいか」

「オーケー。そっちは？」

「こっちもだ。あとは、あれでいいんだな」

「もちろん、いつも通りだ」

「わかったよ。じゃあな」

「じゃあな」


電話等で場所や名前や時刻を告げることはない。ただしこれは理論上であって、実際にはうっかりと間違いを犯すこともある。僕らはそこを狙う。情報局はそのようなチャンスを利用し、盗聴や傍受といった監視システム、V人材からの情報、裏の世界についての僕らの知識によって、遅かれ早かれ内容を把握する。

ビュレントとティホフの会話によってわかったのは、ティホフが違法の品を密輸する可能性があるとビュレントが考えていることだ。ティホフ自身が行っている違法のビジネスについて、僕は彼からもう長いこと報告を受けていない。それでも僕は、彼が折に触れてそうしたことをしていると確信していた。つまり、彼の人生には僕がほとんど知らない部分があるということだ。いずれそのうち彼に驚かされることがあるだろう。尻に火がついてからでなければよいのだが。

情報員マニュアルより

網目スクリーン捜査
――すべてこれまで通りにするか、新しいものを求めるか

フィリップとザビーネはこの先どうなると思う？　と誰かに訊かれたら、どうにもならないだろうな、と僕は答えるだろう。二人は違い過ぎるのだ。特に重要な違いは、フィリップは同じまま、ザビーネは変化を求めるということだ。

僕は君と同じで、何も変化せず同じ状態であってほしい

何を見ても同じであることがまず目につくという人たちがいる。この人たちは、相似というメガネを通して周囲の世界や人々を受け止める。「あの人は私と同じ考え方をする」「自分が前に持っていた携帯電話に似てる」という具合に。同じものに心を惹かれる人は、当然のことながら変化を好まない。大事なのは共通点。毎年同じ場所でバカンスを過ごしても損とは思わない。だって楽しく過ごせる場所を知っているのだから、あちこち探検する必要などないではないか。しかも、同じものを求める人は、物足りなく感じることはない。何もかもそのままで

あってほしい。新しいものを求める必要はない。だいたい退屈というものを知らないのだ。「単調」という言葉は彼らの語彙にはない。

「同じ」に何よりも重きを置く人は、新しい体験をするとき、過去に体験した状況で同じことはなかったかどうかとまず考える。あのとき自分はこう対処した。あれはよい結果となったっけ？　そう、では今回も同じにしよう。同じことが前にもあったというだけで、気分が落ち着く。本当に恐ろしいのは未知のことがら。そうしたものに対しては、すぐにパズルの断片を見つけることができない。

「同じ」を好む人は、結びつけて考えることができると安心する。それまで知らなかったことが起きて、重大なことを変えなければならないとき、それこそパニックに陥りかねない。

そのことを面白がってはいけない。変化を好む人が、退屈で息が詰まりそうだと感じたとき、これと同じパニックに陥るのだから。

同じ状態であれば心地よく感じる人は変化を避ける。ドイツ語のイディオムで、「いつも同じブーツを履く人」という表現があるが、不変志向が行き過ぎれば、周りの人から「頑固」と思われることもある。自分にはそれが性に合っているんだからいいじゃないか、と彼らは答えるだろう。

僕は君とは違う。いつまでも元と同じである必要のあるものはない

これが心地よい人は、違いや変化に目を向ける。ブーツに限らず他のいろんな履き物だってとっかえひっかえ使う。違うことで心地よく感じる人は、変化を好む。職場でも交友関係でも食習慣でも、すぐに新しいものを試したくなる。この傾向が強い人たちは、中毒症ともいえるほどに新しいものを求める。そして、何かをすっかり変えたときは活き活きとして輝いている。それは、重大な結果をもたらす変化ということもある。人生はこんなにも短いんだから、同じことなんかしていられない。そんなの「生き埋め」状態ではないか、と彼らは思う。周りの人たちから「むら気」「移り気」「不誠実」と思われることが少しも理解できない。だって前に進みたければ何かを変化させるしかないではないか。

いつも同じところにいたら、どうやって前進できる？

そう訊かれても、同じところにいるのが好きな人には理解できない。これら二つのタイプの人が互いに理解し合うのはかなり難しい。ザビーネとフィリップの二人がどうにもならないと言ったのもそのせいだ。ただし、ザビーネは百パーセント変化志向ではない。時には同一志向にもなれる。そもそもトップ情報員であるからには、この職種に役立つ手法はすべて身につけている。

典型的な変化志向派と典型的な同一志向派に「昨年一年間で大きく変わったものは何？」と質問したら、どんな答えが返ってくるだろうか。同一志向派はまず変化しなかったものを数え上げ、変化志向派は変化したものを最初に取り上げるだろう。

仮に、訊かれた二人が、変化したものについても同じだったものについても、同一の体験をしたとしても、一人はその中で変化したことを、もう一人は変化しなかったことを主として感じ取っている。

これが、客観的な見方だ。

これはどんな場面でも通用することだから、情報員は相手が誰であっても敬意を持ち、同等の立場に立って接する。人のタイプの領域では、正しいも誤っているもない。そもそも誰がそのような判断をしたがるだろうか。同一志向派か、それともルーペタイプか？　行動派または分析派？　広角レンズタイプとか変化志向派？　このミッションを実行すれば、あなたはさらにいくつかのタイプを知ることになるだろう。

人はみな強みと弱み、好みとか奇矯な部分を持っている。あるがままの自分を受け入れてもらいたいと思うなら、まず自分から手本を示して、相手をあるがままに受け入れてあげよう。

正反対の性質を持つ夫婦の会話はこんな感じかもしれない。

「またアスパラガスの季節になったわね」

「アスパラガスって実に旨いよなぁ」

「あたしはムカつくわね。ここしばらく、どこの店もアスパラガス料理ばっかりなんだから。他に料理がないってわけでもあるまいに」

「そう言われれば、僕もうんざりさせられることもあるかな。これでもかって連発されたんじゃな」

「でも、品揃えはなかなかね。種類が豊富で。ね、グリーンアスパラ、食べたことある？」

「いや。ホワイトアスパラガスがいちばん旨いと思うよ」


個人レベルの会話では、同一志向派は変化志向派からまさにパンチを喰らっているように感じることもある。確かに変化派の物言いは、つっけんどんに撥ねつけるような印象を与えるが、実際にはそうではない。目に入るものが違うだけなのだ。同一志向派が同じ部分を見るのに対して、変化志向派は変化や違いを見る。ちょっぴり色覚異常にたとえられるかもしれない。

情報員はそのことを知っているので、相手が同じものを好もうが違うものを好もうが、個人的に反応することはない。ゲームの方法をできるだけたくさん知って使いこなすことができれば、それだけ相手の心をうまく読めるようになる。

当然のことながら、この二つのタイプの他にもさまざまな混合タイプが存在する。まず共通点や同じ部分を探し、それから違う部分を細部に至るまで検分するという人もいれば、最初に相違に目を向けて、その後で共通点を調べるという人もいる。こうしたタイプは誤解を生みやすいので、早めに認識して対処することが重要となる。

同一志向派は、どのように扱ってもらいたいか？

変化を避けられない場合は、なるべく相手が喜んで受け入れられるようなコメントをすること。ここにいくつか例を挙げるので、知識として役立ててほしい。

車を買い替えることになった。車種もこれまでとは別のものになりそうなときは……

「車ってさ、基本的にはタイヤが四つあって、目的地に運んでもらえればいいんだからね」

引っ越しについて……

「これまで二回もやったんだから、今回だってうまく行くよ」

休暇を利用してこれまで行ったことのない場所に旅行するとしたら……

「あそこにも海と太陽がある。もうお馴染みだろ」

新しい、激変、初めての、などの言葉を使わないようにする。同じであることに重点を置いて、適切な雰囲気を生み出すこと。

これ、○○に似てない？　憶えてる？

どこかで見たことがあるような気がするなぁ。

それでも結果は同じになるんじゃないかな。

それ、前にもあったね。ほら……。

それは○○とまったく同じね。

品質（サービス、仕立て）は全然変わっていないよ。

相変わらず。

前とまったく同じっていいね。

変化志向派は、どのように扱ってもらいたいか？

変化や違いを前面に出す人が相手のときのために、次のような方法を頭に入れておこう。

相手を説得して何らかの行為をさせたい（してもらいたい）ときは、自分が望むことではなく、相手が聞いて喜ぶように話すこと。そうすれば失敗することはない。

定評のある、伝統的な、また同じ、といった言葉は一切使わない。

これまでと完全に違う画期的な改革、比類なき変化を可能にしてくれる革新的な開発、前代未聞……といった表現を使う。

つまり、いつも変化があるって素晴らしいことなのだ。

自分にとって最適な環境にいれば、人は心地よく感じる。周りの人が心地よく感じるようにしてあげて、しかもそれを喜んであげれば、その人は心を開き、信頼が生まれる。私生活であれ職業上であれ、それがよい人間関係の基礎であり、そこからプラスの結果が生じる。この道は最初は面倒に思われるかもしれない。けれども誤解を解くためにひどく腹立たしい思いをして、多大な時間と忍耐を要することを思えば、人間についての洞察力に投資する価値は大きい。だから、相手を好意的にするにはどうしたらいいかを早めに知ること。そうすれば、あとは自然にうまくいく。

情報員適性テスト

あなたは自分をどのくらい知っている?

自分の性質をよく知っていれば、他の人の心を読むのも易しくなる。あなたは同じものに価値を置くか、それとも変化を好むだろうか？　どちらのタイプ、またはどんな混合タイプが顕著だろうか。どのような状況のときに同一であることが大事で、どのようなテーマのときに違いの方を優先するだろうか。

同一志向派の情報員の任務

1. 周囲の人々の中から変化を好む人を探してみよう。新しい服装や新しいヘアスタイルが好きで、交友関係や職場をよく替え、引っ越しが多いなど、いろいろな点から見る。そして先入観を持たず率直に、またどちらかに偏ることなくその人と接する。同様の立場で話す練習をする。このとき評価をしない。どんなふうに感じるか、自分で自分を観察しよう。それは自分を否定しているのではない。あなたの別の側面を見せているにすぎない。

2. 知らない人の話に耳を傾けよう。テレビ番組等でもいい。変化や違いを強調する人物をピックアップする。インタビューなどで率直に話すのを聞けば、その人の考え方がわかる。

変化志向派の情報員の任務

1. 周囲の人々の中から、あまり変化なく生活している人を探してみよう。一つの会社に何十年も勤務し、休暇にはいつも同じ土地に旅行し、ずっと同じクラブに所属し、日曜には必ずモーツァルトを聴きながら朝食をとる。そして先入観を持たず率直に、またどちらかに偏ることなくその人と接する。同様の立場で話す練習をする。このとき評価をしない。どんなふうに感じるか、自分で自分を観察しよう。

2. 知らない人の話に耳を傾けよう。テレビ番組等でもいい。同一性を強調する人物をピックアップする。インタビューなどで率直に話すのを聞けば、その人の考え方がわかる。

特別ミッション

情報員はどちらのやり方も熟知している。自分の立場を知っており、相手の立場を見抜く。相手が自分のところに来るのを待つのではなく、相手のところまで行って相手の心をつかむ。そうすれば、自分の目指す方向へ進んでいることが確信できる。

Chapter 5

覆面捜査員ティホフ

ミュンヘン

土曜日 9/25 午前十一時十四分

「乗車した」というのがティホフからの最初の携帯メールだった。

僕はいつも通り、ドット一つを返信した。「了解」という意味だ。

次のメールが来たのは十五分後だった。

「言葉はまったくわからん。だが悪くない。ギリシャ人がウーゾを持ってる。妹からだと。今後ちょいちょいイスタンブールに行くかな」

三十分後。

「女はみんなスカーフを被ってる。参ったぜ」

ドット三つ分の価値がある報告だ。

その後かなり長い間を置いてから、「まもなく最初の国境に着く」というメールが届いた。

緊迫感が増す。報告を受け取ったしるしとして、僕はドットを一つ送信した。

待っていた着信音が鳴ったのは、一時間後だった。

「大当たり」

僕はすぐに「！？」と入力して送信した。

ティホフから電話を受けたのは四時間後だった。声が小さくて聞き取れない。僕は車を道端に寄せてエンジンを切った。

「もう少し大きな声で話してくれ」

大当たりが何を意味しているのか、早く詳しいことを聞きたい。

ティホフの方も、話したくてじりじりしていたらしい。

「トルコってけったくそ悪いぜ。最初は最高だった。食事は旨いし天気は抜群。夜は楽しめた。ところが今度は狭いのなんのって。息ができないくらいだ。まったくボロい仕事だぜ」

「早く本題に入れよ」

「おんぼろバスめ。バネだらけで背中が痛くてたまらん」

「それは実に気の毒だ。それで、何があった？」

「客がバスに乗り込み始めたときは何ら変わったところもなかったんだが、しばらくして例の奴らが来た。男六人、女二人、子供一人だ。荷物がやたらと多いんで、運転手が怒り出してな。ビュレントの兄弟分の一人がそいつらに何かを渡した。事務所のガラス窓を通してだから、はっきり見えなかった。その後はおまえから聞いた通りだった。そいつら、バスに乗るとパスポートを取り出して、一ページ一ページじっくりと見ていた。コーランを読んでるって感じで。うー背中が痛くてたまんねぇ。家だったらな、俺、ジジイだぜ」

疲れるとドイツ語が怪しくなるのはいつものことだ。冠詞が抜け落ちるのは、睡眠不足のせいなのだろう。ティホフを乗せた飛行機は、昨日の夕方イスタンブールに到着した。それからバスに乗るまでの時間を彼がどうやって過ごしたかは想像に難くない。

「あと二十時間もかからないからさ」

僕はティホフを慰めた。

そのとき突然電話が切れた。といっても、ティホフのスパイ行為がバレたとは限らない。電話線に問題があるのかもしれない。三分後にティホフからもう一度電話があったので、僕はほっとした。今度は彼はすぐに要件を話し始めた。

「国境でサツがバスに乗り込んで、乗客一人ひとりから直接パスポートを受け取った。サツが通路を通って近づくにつれて、スーツケースを持ち込んだ奴らはだんだんびくついてきてな。特に子連れの女。それで急に静まり返って、ちらちらと目を合わせる。男の一人は顔を真っ赤にさせてさ。ランタンみたいに。ほら、ナイトクラブのランタンだよ。ラントベルガー通りの」

僕はそれにはコメントしなかった。

「バスん中、荷物でいっぱいだ。俺は真ん中にいる。周りの話を聞くにはここがいい」

「さすがだな。で、どうなった？」

「俺は思った。バスから降ろされるな。パスポートは偽造に決まってるって。ところが何もなし。警官が戻ってきて、運転手にパスポートを渡した。予定通りバスを出す」

次の数時間で僕は同じ文句を二度聞かされた。

「予定通りバスを出す」


新しい名前と新しいパスポートを持って初めて覆面捜査員としての任務に就いたとき、すごく緊張したことを僕は憶えている。準備は万全だった。何らかの理由で怪しまれる可能性のある状況をすべて想定して、へとへとに疲れるまで繰り返し練習してあった。それに、僕にはサポートしてくれるネットワークがあった。情報員が持たされるパスポートは本物であり、検査に引っかかることはないとわかっていた。だから、もし偽造パスポートを持っていたなら、どれほど緊張したことだろう。ランタンのように真っ赤だったというが、不法に国境を越える人たちは訓練を受けていないのだ。

彼らの心にあるのは、偽のパスポートで何とか国境を通過したいという望みだけ。業者に偽造してもらったパスポートは、残念ながら偽造でしかない。おそらく写真を渡して代金を現金で支払い、政治的または経済的な自由へとつながるはずの書類を受け取った。そのためにすべてを捨て、過去への橋を断ち切ったのではないだろうか。どこかで失敗すれば、逮捕されて刑務所に入れられるか、強制送還だ。バスの中で待つ彼らには、偽造業者が完璧な仕事をしてくれたことを信じるほかあるまい。それほどの技術を持つ偽造業者に早くお目にかかりたいものだ。そいつはよほどの腕を持っているに違いない。何しろサライ旅行社のバスがこれまで何度も国境を通過したのだから。だが、それももう長くは続くまい。


僕は、ティホフが観察した内容を課長に伝えた。課長は黙って僕の報告を聞いてから、受話器に手を伸ばした。

「確実な情報なのか？　それとも前回と同じくらい確実なのか？」

連邦警察局の作戦実行指揮官が訊いた。

「まさか冗談で電話をかけているとは思わんだろう。怪しい乗客を乗せたバスがあって、現場からたった今連絡を受けたところだ。情報は前回と同じだが、別の情報源からのもので、現場にかなり接近している」

「バスに乗っているのか？」と指揮官が訊く。

課長はそれには答えない。そのようなことを情報局の人間が認めることはない。情報源保護措置であり、こうしてティホフ自身および彼と情報局との協働を守る。知っている人間が一人でも増えれば、それだけ危険が増大する。警察もそれに漏れない。秘密が露見する確率は、関係者の数の二乗に等しいと情報局では言われている。秘密がバレないためには秘密を守るしかない、とも言う。

課長は五分を費やして作戦実行指揮官が抱いていた最後の疑念を消し、実行が決定した。

二度目の検問

オーストリアとの国境でバスを検問するというのが作戦実行指揮官の意見だった。ここなら最高の設備が整い、十分な人数の警官が二十四時間詰めており、また情報も入りやすいという。極めて精巧に偽造されたパスポートさえ識別できる理想的な技術的条件が揃っているのだ。拘置所もあるし麻薬探知犬ハンドラーもいる。

その夜、あまり眠らなかったのはティホフだけではなかった。彼はよくもうんざりしなかったと感心するほどたくさんの携帯メールを送ってきた。僕も朝四時にノートパソコンでバスのルートを追跡し始めた。ティホフの携帯電話のＧＰＳ機能によって、バスがどこを通り、どこにどのくらい駐車したかが確認できた。

早朝だというのに僕は最高の気分だった。すべて計画通り、予想したよりも順調に進んでいる。Ｖ人材からの情報の質はピンからキリまである。嘘に決まっているものもあれば、おそらく事実かもしれないもの、確認済みの確実な情報もある。そのため情報を扱うのはとても厄介な仕事だ。又聞きの又聞き、さらにその又聞きということすらある。しかも事実を評価してしまい、客観的な事実関係からとっくの昔に離れて直感的に解釈しているのに、それに気づかないこともある。僕らが受け取る情報はかなりあやふやなものだから、どの情報も徹底的にその信憑性を確かめなければいけないことは、常にしっかりと頭に入れている。どのＶ人材から受け取ったどの情報も、個別に検証する。当然のことながら、最初の評価ではそのＶ人材の過去の報告の信憑性も問われる。

Ｖ人材一人ひとりの性質は、この点でも違っている。遥か彼方にぼんやりとした疑念が浮かんだだけでいちいち報告するV人材もいれば、巷間の噂を意識的に避け、細部が明白になってから報告するV人材もいる。求めている情報が何かを把握している限り、どちらでも構わない。ティホフのもたらす情報に対して、僕はある種の信頼を置いている。彼の推測が当たらないこともたまにあるのだが、それでもプラスとマイナスを合わせれば、全体としては当たっている。自分の能力を示すため、または好感を与えるためといった目的で作り話をすることはない。細部を僕に話さないことはあるようだが、それは彼自身のちょっとしたビジネスや交際関係に触れないためだ。〈カップ〉の件が最終的にどのくらいの規模になるのか、終止符を打つところまで持って行けるかどうか、現時点ではわからない。

だが、サライ旅行社が密出入国斡旋を行っていることは確実だ。しかも定期的に、おそらく相当の規模で。一貫して犯罪を示唆する報告がこれほどたくさん集まることは、情報局の活動でもそうあることではない。

バスのごつごつしたシートに背をもたせかけたティホフは、検問が目前に迫っていることを知らない。うすうす感じてはいるのだろうが、僕は警告してはいない。現時点では、まだ。彼は時々ちょっとしたヤバいことをして、彼なりのどちらかというと寛大な尺度による法と権利を適用することもあるので、彼が大いなる危険に向かって突き進むのを黙って見ているわけにはいかない。彼がマリファナや大麻の類いを数グラム隠し持っているかもしれないことを、僕はいつも念頭に置く必要がある。ビュレントが警告したにもかかわらずだ。また、いくら僕という後ろ盾があるにしても、彼のヤバい行為すべてをカバーできるわけではないことを彼も知っているのにだ。ブレーキとなるものがあるとすれば、それは彼の生命保険であるかもしれない。

バスがオーストリアに入ると、僕は携帯メールを送った。

「オーケー?」

僕が何を言いたいか、ティホフにはわかるはずだった。「オーケー?」というのは僕らの間の隠語で、「ヤバいモノを所持していないな?」を意味する。ティホフの状態を知りたいのであれば、「具合はどう?」と書く。

「ギリギリ」

それが、ティホフの答えだった。

「それはよくない」と僕は書いたが、さらに書き足した。「あと一時間ある」

「ストレスは身体に悪い」とティホフが書いてきた。

「彼らは今どこにいる?」

僕が訊くと、即答えがあった。

「後ろから二番めとその前」

僕らのメールの文面は、部外者には曖昧に思われるかもしれないが、僕とティホフにははっきりしている。たとえ隠語を使ってはいても、どのメールも読んだらすぐ削除すること、とティホフに確認する必要はない。これは作戦実行上の基礎なので、どのV人材も最初に指示される。ほとんどのV人材はこれを守っている。ティホフが守っていることは疑いがない。犯罪組織の仲間に訊かれて困ることはあまりないだろうが、多数の女性と付き合っているからには、嫉妬からありもしないことに疑念が生じて、説明を迫られることになりかねない。プロは削除ボタンによって問題を未然に防ぐのだ。

僕は課長に、情報局がターゲットとする人物の正確な位置を伝え、課長が連邦警察局に伝達した。

「後ろから二番めとその前だそうだ」

それから、待った。時間が永遠にも思われた。

十時半に課長が僕の部屋に来た。

「様子はどうだ?」

「進行中です」と僕は答えた。

検問に時間がかかっているようだが、不安はなかった。不法入国者はもしかすると七人ないし九人よりもっと多いのかもしれない。乗客全員とか？　しかし、僕の期待は完全に裏切られた。

「またしてもゼロ」

作戦実行指揮官からの電話を受けたのは十二時八分だった。不機嫌なのが声からわかった。

「え？　ゼロだって？」

「ゼロ。全員合法だ。国境ではパスポートその他の書類すべてを念入りに検査したし、バスの車内も隈なく調べた。麻薬探知犬も使ったが、何も出てこなかった。麻薬の形跡すらなかった。押収したものといえば、水牛頭部の剥製だけだ。これは種の保護法に抵触する。後で進呈しよう。オフィスの壁に掛けるといい」

「ふむ」

返す言葉がない。生涯体験したくない状況というものがあるのだ。僕はもう何も理解できなかった。

「もうこんなことで電話しないでくれよ」

「もちろん、今のところは。調べていただいてありがとうございました」

僕の礼に対する返事はなかった。

四週間

翌日の午前九時に会議が予定されていたが、気乗りはしなかった。どんなことになるか、わかっていたからだ。今後の捜査のために解決策を検討するというより、責任者探しになるだろう。この失態の責任は誰にあるのか。どうしてこのような結果に終わったのか。誰が状況判断を誤ったのか。ここで矢面に立つのは僕とザビーネだ。課長が僕らをかばってくれるだろうが、僕らに実行許可を与えた上司として、課長も責任者の側に属するわけだ。部長の目にはどう映っているのだろう。分析評価上のミスか、それともV人材指導能力の欠如か。

この案件の失敗の責任を押しつけられることについてはそれほど気にならない。気持ちが落ち着かないのには別の理由があった。〈カップ〉の案件の背後にはかなり大がかりな犯罪があると僕は今も考えている。この案件が、当初の疑惑だけで事実を確認できなかった案件として片づけられないように、会議で僕は闘うつもりだ。そうやってそれっきりになってしまう案件がこれまでにもあった。

僕は、僕なりのやり方で準備をした。事実関係で新しいことはほとんどない。僕とザビーネはすべての事実を一分の隙もなく記録した。気になるのは、会議に参加する人たちの動機だった。どういうわけか、強い逆風を感じるのだ。いつもならそんなことはない。〈カップ〉の件を潰したいのは誰だろう。〈カップ〉の件の解明を嫌うのは誰だろう。そうか、部長だ。部長はB3号俸に相当する本省内の地位に躍進するつもりなのだから。逆風はこの方向から吹いているのだろうか。レッドカーペットを視野に入れているから、その前で躓いて転ぶわけにはいかないってことか？　より高く、より速く、よりよく、前進あるのみ……こうした態度で今の部長の地位に昇った。

危険を避けて真面目に働け、と口に出して言ったことこそないが、部長になって最初の数年にみずから実践して僕らに模範を示したことが何度かあった。仕事を立派にこなそうと思えば、情報局にとってはマイナスにならないが、本省から声がかかる機会は限られる。情報局勤務最後の数カ月は、解明率百パーセントを達成するという部長の強引な誓いがその動機となっているのではないか、という気がしてならない。そうでなければ、もっと前に解明率を前面に打ち出していたに違いないからだ。

警察が二度出動して、二度とも成果なしというのは、部長にとっては敗北にも等しいだろう。今後は回避策を取るに決まっている。成果のない案件からは手を引け、本省には当面はグッドニュースだけを伝える方がよい、ということだ。

リスクは極力避ける。何しろB3号俸が目の前にちらついているのだから。それだからこそ僕らを批判するときも、問題点に集中しろと言い張るのだろう。それによって自分自身をなだめる、というか、僕らにある考えを抱かせまいとしているのだ。だけど、問題点とは何を指しているのか。〈カップ〉の件か、それともB3号俸か。

輝くほど真っ白な解明記録に黒い染みができないうちに、何としても〈カップ〉の件を潰したいわけだ。それで僕らが困るのは、時間が限定されることに尽きる。B3号俸がすぐ目の前ではなく一年後とかであれば、部長だってもう少しゆったりと構えるのではないだろうか。だが、こうなると〈午後のおやつ〉の案件と〈メルヴ〉の案件に完全に集中しろと言うだろう。それはそうだろう、この二つの案件が大きな収穫をもたらすことは確実なのだ。得点を稼げるのは部長だけではない。局長と次長だって内務大臣からカナッペとドリンクで労われ、「素晴らしい業績だ」と言われるのを、今から楽しみにしているかもしれない。

「これではよい業績とはいえまい」

それが部長の第一声だった。

次に何が来るかわかっていたが、僕もザビーネも注意深く耳を傾けた。会議に気持ちを集中させないのはよくない。気をつけて聞けば、たいていは発言者の動機がわかる。それは、目標を達成したいのならば別に悪いことではない。目標を達成したいのは誰だって同じだ。けれども、情報員が自分たちのごまかしを見抜けない、しかもそれは隠されているどころかむき出しで何の苦労もなく見破れるのに、というのは忌まわしい。人間関係も偽装されたごまかしであることは多い。

自分の役に立たない関係について、僕らはきちんと維持する努力をしない。役に立たないといっても物質的とは限らない。感情的な性質のこともあるかもしれない。たとえば、しじゅう文句を言いたくなる相手。あいつにはしょっちゅうこき使われて、何やかやさせられる。それでいて関係を断ち切らないのはなぜか？　もしかすると互いに依存し合っているのかもしれない。あるいは、利用されていると感じるから、役に立たないと思うのだろうか。一度そのことに気づけば、愚痴をこぼさなくなる。もっとも愚痴をこぼすのが大好きな人は別だが、それによって得るものはない。いや、愚痴が相手を遮って、相手が思う存分愚痴を言えなくなってしまう。

情報員は、変えられないことについて文句を言っても割に合わないと知っている。また、依存と現実とを認識して、明白に整理する能力がある。そのため、自分の力で変えられるもの、努力の価値があるもののためにエネルギーを集中させる。このとき、ハードルを低く設定し過ぎることも、高く設定し過ぎることもない。優秀な情報員は自分の能力を正しく評価するからだ。そしていつも能力を最大限に発揮する。こうして越えるべきハードルはおのずと高くなる。

最初は意識して人間関係に投資するれっきとした理由がある。引っ越して来たばかりだから、この町に知り合いが欲しい、というだけでもいい。あなた自身、またはあなたの会社が人脈を構築中、またはすでに人脈ができている場合、やはり同じ理由による。友人知人が必要になったときすでに持っているために投資したわけだ。

純粋に心地よさを求めるのも、意味を持つことがある。言うまでもないことだが、完全に無条件かつ無制限の関係が最も好ましく、最高の段階にある。これは最も純粋な友情ともいえるが、現実的ではない。特に職業上ではほとんど考えられない。ある関係がどの程度無条件であるかは、往々にしてずっと後になってからしかわからない。それは、関係を築いたそもそもの理由がなくなったときであり、関係がその先も続くようであれば、あなたはあらゆる点で適切に行動してきたことがわかる。

会議が九時きっかりに始まると、これまでの状況を説明するよう課長が僕に求めた。その朝、盗聴防止対策完備の会議室に足を踏み入れる前に、課長はお気に入りの格言を僕とザビーネに話してくれた。「クイーンはジャックより強し」。つまり、地位が上の人間には従わないわけにはいかないよ、と。

僕は説明を始めた。

「二度の検問で何も引っかからなかったのはなぜか、現時点では判明していません。警察の協力を得るに至るまでの経過は非常によいもので、同じ内容の情報を複数のV人材から得ていました。今回の敵はどうやら考えていたよりずっと巧妙に準備していたようだと言うほかありません。でも、このまま泳がせておくわけにはいきません。敵のすぐそばまで接近する必要があります。もう少しでいい、時間さえいただければ可能なのですが」

部長はかぶりを振る。

「ザビーネ、君の意見はどうだ?」と課長が言った。

「私もレオの判断に百パーセント同意します」

部長は両手を上に挙げた。

「二度も検問をして、二度とも手ぶらで戻ったではないか。それなのに大成功を目前にしているみたいな話しぶりだ」

「八週間ください。それだけあれば、判断が正しかったと証明できます」と僕は言った。

部長は喘ぐように息を吸い込んだ。

「僕たちが奴らの正体を暴いたらどれほどの大勝利を手にするか、想像してみてください。警察が二度も検問に当たって何も見つけられなかった後なんですから」

僕は部長をその気にさせるためにそう言ってから、間を置いた。部長の頭にその効果を浸透させる。

「八週間で解明できなかった場合は、この案件を終了します。その際はもう抗議しません」

「案件を終了するかどうか決定するのは、今のところ私だ」

「私の部署の人間は、任務をよくこなしています」

課長が僕に口添えしてくれた。

「もう一つ、考えてほしいのですが、情報局は現時点で警察での覚えがよいとは言えません。今回の汚名をきちんと返上しなければ、今後どれだけ嫌味を聞かされるかわかりませんし、その度に言い訳をすることになります」

ザビーネの抗議に対して部長は「ふむ」と考え込んだ様子だ。

「ふむ」と課長も頷く。

「わかった。だが、独断での行動は許さん。外部との接触はすべて私の同意を得てからだ。四週間与えよう」

僕とザビーネの視線が一瞬交わる。四週間とは。

それならここで放棄しても同じことだわ、とザビーネの目が言っている。失望の眼差し。どのくらいの時間を要するか、彼女が誰よりもよく知っているのだ。潜入捜査にかなてこは使えない。繊細な方法に依るしかない。そして決定的な効果を得るためには時間が要る。

「六週間いただけませんか」と僕は言った。

「終了」

それが、部長の最後の言葉だった。

情報員マニュアルより

交渉タイプと実行タイプ

決定を下したり交渉したりするのが得意な人もいれば、それを実行に移して実現させるのが得意な人もいる。それは日々の仕事に限らず私生活にも当てはまる。片方が休暇旅行の予約をすれば、もう片方は改装の職人の世話を誰に頼もうかと配慮する。交渉タイプの立場と実行タイプの立場が邪魔し合うこともよくある。

交渉タイプは行動派であることが多く、取引を巧みに、そして迅速に成立させて前進したい。署名をもらって、自分または会社のために契約を確実にしたい。そして、実際に署名をもらう。

先を予測したり事前に計画を立てたりすることは、あまり重視しない。新しいことを実行に移せば、ちょっとした摩擦や反目や困難があるのはわかっている。それが自然だし、人生の一部でもあるのだから、そのことでカリカリする理由はない。注意を集中する理由もないし、そのことに触れる理由はさらさらない。ばらばらになる前にきちんと手を打つ。大丈夫だと安心させて、自分の見地に照らして容認できると思われることを約束する。

実行タイプは分析派であることが多く、交渉での決定事項や約束を実現することに本領を発揮する。将来の予測を立てて、実践する上で難しい点を認識する。摩擦や困難を避けるために、多少なりとも関係のある人々全員を呼び集め、問題が起きるよりずっと前に解決策を探す。どんな細かい点についても、そのごく一部でも守れないと考えたら約束はしない。

交渉タイプと実行タイプのそれぞれの立場は固定されているわけではない。状況に応じてどちらかの態度を取る。しかし、職場ではどちらかに決められていることが多い。プロジェクトを立ち上げるなり契約を結ぶなりする人と、そのプロジェクトを実行する、または結ばれた契約を履行する役割を持つ人だ。この二つのタイプは、その性質から互いに受けつけない。

交渉タイプは早く決定したいのに対して、実行タイプはその内容を知りたい。実践にあたって決定事項の「尻拭い」をさせられるのは自分なのだから。ところが、そこで滞るのは交渉タイプにとって腹立たしい。自分の決定が脅かされたように感じる。その性急なやり方は、実行タイプに合わない。実現が危うくなると感じる。

ここでは役割がすでに決められている職場の状況を除いて、私生活でのあなたの性質はどちらか考えてみよう。あなたは交渉タイプ？　それとも実行タイプ？　さらにもう一歩踏み込んで、あなたの家庭はどうだろうか。家庭内での役割すべてが、最適なメンバーによって果たされているだろうか。誰が不動産業者と交渉し、誰が出て行くアパートの点検と鍵の引き渡しの準備をするか。

交渉タイプが交渉し、実行タイプが実行するよう計らえば、かなりの時間とエネルギーを節約できる。この点はあなたにとって問題あるまい。この二つの立場をきちんと見抜けるようになったのだから。そして、家族みんなが楽しく任務を果たせるための方法や言葉も見つけられるはず。

ちょっとしたいざこざはあって当然で、意識していれば手に負えない状態にはならない。あなたのプロジェクトにおいて二つの役割のバランスが取れていない場合は、自分には実現に対する責任もある、と交渉タイプに署名させるのもいい。これは驚くほどの効果がある。

部長から与えられたのは四週間だが、これでは短か過ぎることを僕らは知っている。一方、これが最後のチャンスであることも知っている。だから、ベストを尽くすしかない。クイーンはジャックより強し、なのだから。

自分の人生で最も大事な人間は、自分だ。これは誰にとっても同じで、少なくとも歯が痛くなったとき、いや、空腹や渇きを感じただけでも、そのことに気づく。他の人たちの考え方や行動の仕方は自分と違うということを繰り返し思い起こすのは、一生の課題である。そのことに気づくのも、奇妙なことに空腹や渇きや歯痛があるときだ。自分が苦しんでいるのに、他の人は別に何ともない。だったら、他の状況のときだって、自分と同じように他の人たちが振る舞うとは考えられないではないか。

もっとも、夫婦やカップルには心身の一体感のようなものがあって、同じ喜びを感じるだけでなく、精神状態にも共通性がある。

情報員は、自分の見解を主張することはない。正しいと認めてもらいたいのではない。目標を達成したい。そのためには、いろいろな可能性に常に心を開いておくこと。自分の見解から完全に離れて、できるだけ相手の見解に立つと、相手の動機が読めることもある。

自分が彼の立場だったらどうするか、と考えるのではない。

完全に相手になり切って、自分が彼ならどうするか、と考える。彼ならどう感じ、どのような体験をしてどう思うか、何が大事で、何に不安を感じているか。

これらの質問に答えられるなら……こうしたことを察知し、感じ取り、体験することができるなら……自分の見解からできるだけ遠くへ、自分が地平線の彼方にちっぽけな点となってやっと見えるくらいに離れる勇気があるなら……あなたは他人の心に入り込めるだろう。その人の気持ちを外から透視するだけでなく、内側から見ることができるようになる。

さあ、これでよくわかるだろう。その人を刺激させるものは何か。その人を不安にさせるものは何か。だから、適切に対処できる。

自分の見解から離れて、完全に他人の気持ちになり切る、というのは、風見鶏のように自分の意見を変えることではない。自分の見解ばかりでなく相手の見解も理解できれば、どのように相手を動機づけて双方にプラスになる妥協点を探す方向に持っていけるかがわかる。

妥協点がない場合は、話し合いを打ち切る。それで資源を無駄にせずにすむ。あなたは反対派の論点を十分に知っている。それは反対の立場なのだから、嘆く必要もなければ無力感を抱く必要もない。だいたいそんなことをしても利益はない。この世に真の現実がたった一つあるわけではない。普遍的に通用するような善と悪もなければ、正と誤もない。あるものといえば、今この瞬間に自分に合うものと、合わないもの。そして、ここで決定を下そう。そうしないと他の人があなたのことを決定してしまう。

完全に相手になり切るということは、近道でもある。相手が自分の気持ちになるようにと試みるよりもずっと速い。もっともこれは不可能でもある。

僕らの前には、解決すべき案件がまだいくつかある。だから一番の近道を進もう。

情報員適性テスト

1. 過去に摩擦があった相手、または現在摩擦のある相手のことを考えてみよう。情報員の知識をここで応用して、相手になり切ってみる。

2. 人間関係をここで検討し直して、その裏に隠された有用性に思い切って光を当ててみよう。この人、またはあの人との関係が自分に何をもたらすだろうか。そして、あなたも他の人たちにとって有用であることを忘れないこと。そのことで愚痴をこぼす必要はない。これが僕らのゲームのルールだ。

Chapter 6

接触用アパート

「本気とは思えないわ。この種の事件を四週間で解決しろなんて」

ザビーネが部長に対する怒りをぶちまける。

「短期間で解決しそうにない問題だからね。部長は、解決に至る前にメディアに叩かれるのが嫌なんだよ」

おそらくそうなのだろう。

「そりゃそうだわ。頭にあるのは別のことなんだから。そうね、移動業とでも言っておくわ」

それが、B3号俸への変更を婉曲的に指したものだと気づくのに、一瞬どころか二瞬も三瞬も時間を要した。それから僕は答えた。

「捜査をスピードアップして、部長にこの案件の概要を報告しよう。できるだけ早く成果を上げて、部長から局長に上申してもらえば、その後はいくらでも時間を取れる」

「いくらでもだなんて」

ザビーネは僕の言葉を繰り返して、笑い声をたてた。そこには絶望の響きがあった。四週間しかないというのは、絶望的なのだ。

サライ旅行社の周辺に情報源があと一人か二人欲しいところだが、一夜にしてV人材をスカウトし養成するのは不可能だ。このプロセスにはかなりの時間を要する。この人なら可能性がありそうだという情報を得てから、徹底的な調査、最初の接触、勧誘、育成段階などを経て実りある協働関係ができるまで何カ月もかかるのだ。しかも、V人材としての適性を持つ候補者は数少ない。組織での地位が低すぎても高すぎても候補から除外される。でないと、情報局が犯罪組織を操縦しているという非難を後に受けることになりかねない。いや、もっと悪ければ、経済的支援をしていると叩かれるかもしれない。これでは刑事告訴をされるためにわざわざ苦労したことになってしまう。

その他にも、情報局に協力する動機が強い自己利益またはイデオロギーによるものである場合も、候補から外される。こうした人々をV人材として指導することはできない。場合によっては役に立つ情報を提供することもあるが、それによって彼らが具体的な利点を得られる場合に限られる。これではネコに鰹節の番をさせるのと変わらない。仮に信じられないようなチャンスに恵まれて、超短期間で適切な候補者が見つかったとしても、犯罪の舞台裏まで目の届く立場にいなければならない。それが可能な人間は稀だ。仮にいたとしても、そういう人間が情報局に協力しようと咄嗟に考えてくれるとは、常識的に考えられない。協力したいと心から願うはずもない。それでも協力するよう仕向けるには、時間がかかる。

V人材が情報を進んで提供してくれるのは、何のために情報局に協力するのか理解してからのことだ。それは、僕らを信用するようになってからでもある。最初は重要性の薄い情報だが、時とともに〈007〉的な、つまりスリルたっぷりの情報がもらえる。ティホフの場合はそこまでの期間が短かった。だが、彼は特別な例だ。

僕とザビーネは、短か過ぎる時間をできるだけ補うために、いくつもの方策を組み合わせた。作戦に使えるものをすべて動員することにした。いま手中にあるV人材を目標に合わせて動かし、ビュレントとその一味の間近まで接近させる。広範囲にわたって監視システムを駆使し、使える情報源すべてから得た情報を、総合的に分析することによって濃縮する。そして、必要なら夜間および週末も返上する。もっともそれらは僕らの職業にもともと書類上しか存在しないけれども。

今のところ、法的な前提がないので、電話の盗聴はできない。僕らに許されていることはいくつかあるが、確たる証拠がなければそれ以上は踏み込めないのだ。

火曜日 9/28
僕らに与えられた四週間中の一日目　終業少し前

ザビーネは、部長の写真をピンで壁に留めた。
僕は彼女の顔を見た。何のつもりだろう？
「こうすればもっとやる気になるの」
ザビーネはいたずらっぽくほほ笑む。
ピンは部長の二つの眼のちょうど真ん中に刺さっている。もちろん偶然だろう。
ザビーネは僕の視線の先がわかったようだ。
「第三の眼。この眼には、見えないものも見えるの」
「君に見えるの、それとも部長に？」と僕が訊くと、
「私たち」とザビーネが答えた。
僕は考えながら頷く。すると、
「ＫＷ（カーヴェー）が必要ね」とザビーネが言った。
僕もそのことを考えていたところだった。

ＫＷというのは〈Kontakt-Wohnung〉の頭文字を取ったもので、「接触用アパート」を意味する。情報局が適当な作り話を基に賃借するアパートのことで、Ｖ人材との面談または資金や報酬の引き渡しに使う。ここで作戦の舵取りをし、ターゲットの人物を観察することもある。サライ旅行社が事務所を構えているのはミュンヘン中央

駅の南側で、そこで情報員が見張りに立つことはできない。ラントヴェア通りとシュヴァーンターラー通り、およびそれらと交わる狭い脇道にはアパートや店が建ち並び、そこに住んでいる、または働いているのはバルカン半島南部の出身者やトルコ人がほとんどだった。

その界隈の様子は、彼らの出身地域とよく似ている。トルコ人が野菜を売る横には昔ながらのファーストフード店、その先に貿易商、アラブ人の営むテレフォンカードショップ、祈祷所、サライ旅行社、賭博場、喫茶店、バルカン食材店、風呂屋、と並んでいる。路上や広場でさまざまな営みが行われ、雨の日でも休むことはない。賑やかでのんびりとした多文化が展開されている。みんな顔見知りだ。西洋人が迷い込んだら即追い出されるということはないが、滅多にないことではある。それに西洋人がこのあたりで二分か三分、タバコを吸ったり、ショーウィンドウを覗いたりしたら変に思われるし、ましてや車を止めて何やら観察でもしようものなら、数分後にはみんなの噂となるだろう。古典的な監視をするには前提条件が悪過ぎる。

人目につかないためには一工夫しなければならない。それは、こうした界隈だけでなく田園地帯でもよくあることだ。小村の人々はよそ者に対して恐ろしく目ざとく、すぐに疑ってかかる。そのため、このようなケースで情報を集めるには、接触用アパートが唯一の可能な手段であることも多い。都市部であれば、運よくホテルの一室などからターゲットが観察できたりすることも結構ある。それなら簡単だし目立たない。サライ旅行社の斜向かいに、かなり古びた一つ星ホテルがある。なぜ一つ星なのかは謎だが、設備のせいではなさそうだ。

情報局の通常の解明作業でオーナーを調べると、ビュレントの義兄の従弟であることがわかった。これでホテルを使うという楽ちんな方法は除外された。周辺に空きアパートや空き事務所があれば借りたいところだが、サライ旅行社の周りにそのような物件は一つもなかった。つまりその可能性も除外された。

ケバブを片手に周辺を探索する。サライ事務所が最もよく観察できそうなのは、向かい側のアパートだ。呼鈴の下の表札に書かれているのは、エキゾチックな名前がほとんどだ。ボドカーン、ブルート、ゲーゲタップ、ナストリ、ズラティ、カズミルチャク、エスプバール——これでは接触用アパートを確保するのもそう簡単ではなさそうだ。異国に暮らす移民である彼らは、かなり強く結束しているのだろう。ビュレントを直接知っている人間もいるかもしれない。奴の一味の者が住むアパートを使わせてもらうわけにはいかない。

表札には二つだけドイツ人の名前があった。情報局に戻ってその二人について調べると、一人はキンズフーバー、もう一人はミュールターラーだ。他の名前にしてもそうだが、名前だけで住人の出身地がだいたい推測できた。この二人は、この土地の人間だろう。ただ同じミュンヘンっ子だからといって、もちろん頭から無条件で信用できるわけではない。

住民登録事務所の電子データを開いて何度かクリックすると、キンズフーバーという人物のファーストネームはレネ、一九七八年ファーターシュテッテン生まれであることがわかった。もう一度クリックして警察の犯罪記録を開く。キンズフーバーはすでに何度も警察の世話になっていた。麻薬所持が数回、当て逃げ、詐欺四回、殴り合いの現場を二度押さえられている。残念ながらこの男性は使えない。残るはミュールターラーだ。苗字を入力すると、記録が出てきた。名はテレジア、一九三五年ミュンヘン生まれ。この女性が警察の世話になっているとは思わなかったが、それでも犯罪記録を開く。犯罪歴ゼロ。調べついでに、他の二十二人の住人についても確認すると、そのうち二人が犯罪記録に登録されていた。

テレジア・ミュールターラーの上着は真っ白。品行方正な女性である見込みが高い。とはいえ、この人物についての情報は皆無に等しい。この老婦人はどのような人だろう？　既婚か、独身か、それとも未亡人か。健康か、それとも病弱か。「ぴんぴんしているか、錆びついたか」と祖母がよく言ったものだった。七十五歳のテレジア・ミュールタラーは、僕らの秘密の任務を支援するだけの精神力があるだろうか。それに、そもそも僕らの頼みを理解することができるのだろうか。

僕は見取図で建物の設計を調べてみた。ターゲットの観察におあつらえ向きの住戸はない。何とか使えそうな住戸がいくつかあったが、その中ではミュールタラーのアパートが一番よさそうだった。建物の正面は見えないが、入口ドアが横からと旅行社のショーウィンドウが見える。僕はがっかりしたが、選択の余地はない。

「この人がとんでもないおしゃべりだったらどうするの？　ものすごく口が軽くて、近所の人たちに触れ回るような人かもしれないじゃない。うちには情報局の人が出入りしてるんですよって」

いつものことだが、ザビーネがバイエルン訛りを真似すると、何ともほほ笑ましい。

「それでも試してみよう」

と僕が言うと、ザビーネのちょっとふざけた返事が返ってきた。

「そうね。高齢なのがかえって幸いかも。高齢者の訪問サービス員を演じればいいもの。訪問員証を作って」

ザビーネの案は悪くなかった。アパートの賃借人が高齢者だというのもメリットがあるわけだ。何といってもかなりの数の装置をアパートに運び込み、一日に何度も偵察に行くことになるのだから。訪問サービスなら納得がいく。秘密の任務を秘密にしておくためには、その任務の存在を誰にも気づかれないようにするのが最良の方法だ。

「ベルクマンに電話を入れるわ」とザビーネが言った。

「それがいい」

同僚のベルクマンは驚くべき人物だ。過去数年間、僕らの任務に使う接触用アパートを手配したのはいつも彼だった。僕らのチームだけでなく、別のチームのためにも任務を果たしている。しかも、情報局のＩＤカードを提示したことが一度もない、と噂されている。誰の住まいでも入れてもらえるらしい。彼がどんな手口を使うのかは誰も知らない。訊かれるとにんまりとして、「君は君の仕事に専念しろよ。僕は僕の仕事をするからさ」という具合に答える。無言のまま秘密めいた雰囲気を漂わせているのだ。

僕だって彼の成功の秘訣をぜひ知りたいものだ。想像してみてほしい。チャイムが鳴ったので玄関ドアを開けると、知らない男性が立っている。そして「お宅のアパートを数週間使わせてもらいたいんですけど。場所が必要なので家具をどかして、それに鍵も渡していただかないと」と言われたら……。

もちろん適切な賃借料は支払う。高額ではないにしても、遅滞なく支払われる。とはいっても、住人の生活がかなり制限されることになる。それなのに、ベルクマンは成功率百パーセントで相手を納得させてしまう。彼は僕の切り札だ。

僕はベルクマンに電話をかけて、用件を簡単に説明した。

「急ぐのか？」

「火急だ」

「じゃあ駄目だ。ここでの任務があと二週間かかる。離れるわけにいかない。連絡がつくのもあと一時間だけだから、君は運がよかったよ。僕を捕まえただけでも」

とベルクマンは答えた。

「まさか。最悪だ」

僕は彼の言葉を訂正した。

「君が無理なら、誰に頼めばいい？」

ベルクマンはしばらくためらってから、「鏡を見ろよ」と言った。

それを聞いて、僕はドキドキした。彼は秘訣を明かしてくれるんだ。そのおかげで彼が伝説となった、その特別のやり方を。

「どうやればいい？」

「君のやり方でやればいい。君ならできるよ」

ベルクマンは電話を切った。

ザビーネにそのことを話すと、内緒話をしてくれた。それによると、次長の就任何周年かの記念パーティで、ビールを何杯か飲んだ後でベルクマンが明かしたそうだ。

「これまで三十五年間勤務して、僕が一度も身分証明書を見せなかった理由は何だと思う？」

「君が秘密捜査員だからだろう」

と同僚の一人が言うと、どっと笑いが起こった。

「それは僕が、それを口にするのが心底屈辱的だと感じているからだよ。それと、プラスチックのＩＤカード、あれっていかにも調剤薬局のお客様カードって感じだろ」

賃借人の女性

それから二時間後に、僕はミュールターラーの家の呼鈴を押した。外の雑音がうるさいので、スピーカーに耳を当てる。だが、そこから出てきた声は、周囲の雑音を合わせたよりも大きかった。路面電車のレールの軋みさえも凌駕して、僕の耳に飛び込んできた。

「うちはお断り。何も買わないよ」

「それはよかったです。物を売りに来たんではないですから」

返事がない。ミュールターラーは、僕の言ったことがわかったのだろうか。僕は今言ったことをもう一度、さっきより大きい声で繰り返した。

「怒鳴らなくたって聞こえてるわよ」

「あ、どうも」

「そんなら何しに来たの？」

「二分ほどお時間ください。内務省の者です」

僕はこの瞬間、僕なりの方法を展開し始めた。一分ほど経過したとき、ドアのロックが解除されるジーという音が聞こえた。まだ事情を知らないミュールターラーが、僕のためにドアを開けてくれたのだ。


一階に並んだ郵便受けには手書きの名札が貼ってある。ベビーカーが三台置かれているために、階段に到達するまで障害物競走さながらだ。どこかで犬が吠え、機関銃の一斉射撃音がテレビから流れている。黒い頭髪にポマードをべっとりとつけ、携帯電話を耳に当てた若い男性と最初の踊り場ですれ違う。若い男性は僕に感じのいい笑顔を向けて頷いた。階段には各階のキッチンからかなりエスニックなにおいが漂う。二階は香辛料のよく効いた料理、三階は油たっぷりのこってり料理、四階はジャスミンライス。あと一階分の階段を上るあいだ作戦を練ることができる。

車でここに向かっているとき想像したのとはまったく違った展開になりそうだ。ミュールターラーという女性についてこれまで知った限りでは、かなり手こずらされそうだ。だが、この案件がスムーズに行くとはもともと考えていない。

僕の頼みたいことは、半端なことではない。多くの人がとんでもないと感じるようなことなのだ。

え？　うちのアパートから犯罪者の巣窟を張り込む？　麻薬界のボス？　武器取引？　プルトニウム密輸？　暴走族？　人身売買？　作戦基地を、ここに？　監視機器を設置するって？　二十四時間体制？　土足でうちに出入りするの？　うちの物を壊されでもしたらどうしてくれるの？　プライバシーが侵害されるんじゃないの？　そのあいだどこに住めっていうの？　ご近所に何て思われることやら。それに、人殺しだか何だか知らないけど、嗅ぎつけられたらどうすんのよ？　窓に石を投げてくるかもしれない。そしたら出て行かなくちゃならなくなる。引っ越すってこと？　証人保護プログラムがあるって？　じゃあ、あたしの身が危険だってこと？　この先どうなるっていうの？　偽名を使って孤島で暮らさなくちゃなんないの？　ラジオ番組ガイド、手に入るの？　老木を植え替えるなんて、常識はずれだわよ。

五階まで上り、チャイムを押す。すぐにドアが開き、ドアチェーンがぴんと張ったところでがくんと止まった。油断なく見つめる二つの目と丸顔がまず視界に入った。小柄で肉付きのいい女性だ。白髪混じりの髪を結い、ブルーとベージュの花柄のエプロンをつけている。

僕はまず名乗った。

「マルティンといいます。レオ・マルティン。内務省の者です」

外部の支援が要るときは、内務省の役人と称することにしている。こういう時のために、調剤薬局のお客様カードだって携帯している。

「使用電力を調べに来たのかしら？」

「いえ、そうじゃないです」

「電力会社の人だったら、どのみち中に入れないけどね。書面で済むことだから。それと、孫の顔も知ってるから。まあ、もしいればの話だけど、孫はいないんでね。私の孫に成り済まそうったって無駄だからね」

「わかりました。僕も祖母の顔は知ってますから。ミュールターラーさんは僕の祖母でないことはわかってます。それに、祖母はそんなに疑り深くないですよ。実は、祖母にもミュールターラーさんのようなところが少しくらいあってほしいんですけど」

「私は疑り深くなんかないよ。用心深いだけ」

ミュールターラーは僕の言葉尻を捉えた。

「よいことですね」僕は同意した。

「で、どこのお役所だって？」

「内務省です」

「そう言うくらい、誰だってできるわね」

僕は右の尻ポケットに手を入れた。

「証明書をお見せします」

「見せてもらわなくっていいわよ。すぐにわかることだから」

ミュールターラーは、メモ用紙と鉛筆をチェーンの下から差し出した。

「お役所の名前と所在地を書いて」

僕は言われた通りに書いた。

ミュールターラーはメモ用紙を受け取り、ドアを閉じた。

階段に座って待つ。思わず顔がほころんだ。楽しいおばあちゃんだ。面白くなってきたぞ——この捜査を開始して以来初めて、僕は心からそう感じた。ミュールターラーが電話番号案内に電話をかけているのが、閉じたドアを通してぼんやりと聞こえてくる。

「ミュールターラー、テレジアと申しますが、電話番号を調べてもらえますかね。ええ、ミュンヘン市内です。ええと、ドイツれんぽう、なぁいむぅしよう」

しばらく間があってから、ミュールターラーが番号を一つひとつ復唱するのが聞こえた。僕も一つひとつ頷く。ミュールターラーは、改めて電話をかけ、求める情報を得た。ドアの外にいる男は幻覚でもニセモノの孫でもなく、実在の人物だとわかったのだ。そう、頭がイカれたわけではなかった。数秒後にドアが開いた。チェーンはかかっていない。僕は中に通された。

「絶対安全を確認なさるんですね。よいことです」

僕は心から感心して頷いた。

「うちは土足禁止なの」

「わかりました」

僕が靴を脱ぐと、ミュールターラーはコート掛けの引出しからビニール袋を取り出して、その上に僕の靴を置いた。丸々と太っているわりに動きが敏捷でしなやかだ。

「どうぞ」

ミュールターラーに促されて、僕は細部を観察しながら中へと進んだ。

スプレー式芳香剤がむせるほどに香った。部屋ごとに違うにおいだ。階段と同じ嗅覚系がここでも発揮される。各部屋はにおいで区分けされているわけだ。廊下があって、左手がリビング、まっすぐ行ったところがキッチン、小さなバスルーム、閉じたドアの向こうはおそらく寝室なのだろう。リビングに入ると、僕は素早く四歩で窓辺に達した。下方にサライ旅行社が見える。視界は思ったよりもずっといい。これならいけそうだ。

ミュールターラーが僕の横に来て、窓を開けた。結婚指輪をしている。

「ここ、けっこううるさいんですね」と僕が言った。

「寝室は裏側だから」

「いったい何のためって……」

僕が説明を始めると、相手に遮られた。

「コーヒー、お飲みになる?」

コーヒーなら二杯飲んだばかりだった。すでに実行中の方策とこれから取り入れるべき方策をザビーネと検討しながら。今は飲みたくない。

それでも僕は「お願いします」と答えた。

「すぐに戻るわね」

僕はリビングに一人になった。オーク材のガラス戸付食器棚、分厚い絨毯、板張りの天井、どっしりとした茶色のカーテン。どれを取っても整然としていて清潔だ。過去五十年間、つまりミュールターラーがここに住み始めてからこのかた、このリビングはほとんど変わっていまいと思われた。戸棚の上に真鍮フレームの写真立てがいくつか置かれている。一枚はウエディングドレス姿のミュールターラー。腰まで届く三つ編みの髪にパールチェーンが編み込まれ、アクセサリーで飾られている。もう一枚はオートバイにまたがった夫の写真。夫婦でゴンドラに乗っている写真もある。六〇年代のヴェネチア。かなりの年季物だ。

「エーリヒは二十年前に他界したのよ」

いきなり声がした。ミュールターラーが来たことに、僕は気づかなかった。絨毯が音を吸収してしまうらしい。

「お砂糖とミルクは？」

「ブラックで」

僕が言い終わると同時くらいにミュールターラーはキッチンに戻っていた。

監視装置をどのように設置したらいいかと僕は思案した。もちろんミュールターラーが合意したとしての話だが。リビングの三分の一は装置に取られるだろう。窓から二メートル、幅は部屋の全幅が必要だ。階段状に並んだプランターとロッキングチェアはどかす必要がある。戸棚が窓の側にないのは好都合だ。これなら大きな家具を動かさずに済むだろう。窓の前の部分は黒い間仕切りで暗くすることになる。そのために下端が三脚になった棒を二、三本天井まで立て、クロスバーに黒のモルトンのカーテンを掛ける。これで外から部屋の中が覗けなくなる。そうでなければ、夜になってリビングの電灯をつけると、カメラを載せた三脚、記録装置を載せたいくつものフライトケース、ケーブルリールその他の装置が外から見えてしまう。

「コーヒーができたわよ」

ミュールターラーはリビングのテーブルにコーヒーの準備をしている。コーヒーだけではない。クッキーもある。昔からある二枚重ねのサンドクッキーが五つ、大きな皿に盛ってある。白地に青のリンドウの花模様が描かれた皿。僕が生まれる前からあるに違いない。ミュールターラーがキッチンからコーヒーポットを運んできた。やや仰々しくソーサーを手前に引き寄せてからコーヒーを注ぐ。それからコーヒーポットをキッチンに戻してコーヒーメーカーの保温プレートに置いた。

「コーヒーを飲むあいだ窓を閉めて」

僕は言われた通りにした。

「おかけなさい」

僕は椅子に腰をおろした。

「どうぞ召し上がって」

僕はクッキーを一つ、手に取った。僕の内なる声が聞こえた。急いではいけない。ミュールタータラーの決めた手順に従うんだ、と。これがベルクマンのやり方だろうか。ミュールタータラーはクッキーを二つ食べ、皿に残った細かいかけらを、湿らせた人差し指にくっつけて取り、口に入れて舐めた。それから訊いた。

「用件は何かしら?」

僕は咄嗟の判断で、崇高な気持ちに訴えるヴァリエーションに決めた。

「わが国のためなんです」

「そんなことだと思ったわ」

意外な答えだった。

「ミュールタータラーさん、あなたの助けが必要なんです」

ミュールタータラーはそれを聞いて困惑したようだが、それでいて悪い気はしない様子だった。

僕は先を続けた。

「お宅の窓から僕らの捜査対象がよく見えるんです」

「サライ旅行社ね」

すかさずミュールタータラーが口を挟む。

「なぜそう思われるんですか」

「だって向かいの建物にはそれ以外に何もないでしょ。あと保険会社のオフィスだけで。もしかして、強制捜査の計画があるのかしら」

理由が気になるのだろう。ミュールタラーは僕の目を見つめた。

「詳しいことはお話しできませんが、簡単に言うと、相当大がかりな犯罪が行われているのではないかと考えています。それで、嫌疑を確定する、または晴らすために、誰にも知られないようにビデオカメラを設置しなければなりません。それが可能なのはミュールタラーさんのお宅しかない。具体的に言うと、あの窓の前です」

僕はその方向を示した。

「あそこに監視用機器を設置します」

「どのくらいかかるの？」

「長くて四週間」

ミュールタラーは息を呑んだ。が、何も言わない。他の案件の場合は期間をこのように明言できない。

「毎日、僕または僕の同僚が来て、データを保存し、テープを交換します。事態が緊迫した場合には、短期間ここに実行本部を設置して、監視作戦の指揮をとることになります」

「どういうことなのかしら」

僕は説明した。このような状況を、ミュールタールーラーも必ずテレビで一度は見たことがあるはずだった。

「この案件はすごく繊細です。ターゲットの人物を必要な期間だけ監視しなければなりませんが、疑いを抱かれることは許されない。そのため、確実な基地からでないとできません。しかも対象物が近距離から見える場所です。あらゆる情報を入手しなければならない。ターゲットの人物と接触するすべての人間、それにすべての車が重要な意味を持っています。こちらの車をサライ旅行社の前に止めて監視するわけにいきません。ここから監視をして、路上にいる同僚に、たとえここから姿が見えなくても指示を与えられるようにします」

ミュールタールーラーはコーヒーを少し飲んだ。考えているのだろう。僕は黙って待った。しばらくしてから彼女は言った。

「考えさせてもらうわ」

それは僕の欲していた答えではなかった。はっきりとした結果が欲しい。そこで、それを伝えた。

「あのね、私は五十年ほど前に決めたの。重大な決定はその場で下さないってね。一晩考えることにしているの」

僕の希望を通すことはできまいと感じたが、それでももう一度試みることにした。だが、相手に遮られた。

「急かされるのはご免よ。考える時間が必要なんだから」

ミュールターラーの顔に笑みが浮かんだ。

「どのみち与えないわけにいかないわよね。ここ、私の家なんだから。夫のエーリヒとここに移ったとき、住人はドイツ人ばかりだった。しばらくして最初の外国人労働者が入って来たの。当時はイタリア人で、そりゃもういい人ばかりでね。ヴェネチアに招待されたこともあったのよ。ところがその後はトルコ人、ギリシャ人、アラブ人が入って来た。これでもたくさんの異文化を見てきたの。それと料理と。ここに住んでると、ずっと休暇が続いているみたいなものよ。世界中のいろんなところにいるみたいで。しかも同時にね。こう言っちゃ何だけど、近年はあまりいい気持ちしないわ。人がしょっちゅう入れ替わって、中には言葉も通じない人たちもいる。それに、もうずっと修理もされていない。いい時代は終わったのね。だけどもう今さらここから移らない。出て行くとすれば、寝かされて、足から先に運び出されるときだけね。コーヒー、お代わりいかが？」

「いいえ、もう結構です」

「私が言いたいのはね、あなたは私に頼るしかないってこと。あなたは信頼の置ける人物を必要としている。嫌だとは言いそうにない人物。一人暮らしのおばあちゃんで、訪ねて来る人もいない。これ以上ぴったりの人はいないわよ。だから、考える時間をくれないわけにいかないわね」

図星だ。僕は感心して頷いたが、驚きも禁じえなかった。

「今はこれだけ言っておきましょうか。見通しは悪くないわよ」

ミュールタールラーはそう言って軽く目配せした。

「ありがとうございます、ミュールタールラーさん。ただ、仮にご協力いただけない場合でも、僕がここに来たことは一度もない、ということです」

「じゃあ、協力する場合はどうなの？」

「その場合はなおのこと、僕は一度も来たことがありません」

老女は笑った。「じゃあ、ご近所さんに訊かれたら、何て言えばいいの？」

「ローゼンハイムにご血縁者がいらっしゃるでしょう」

「そんなこと話した憶えはないけど」

「ある程度の作り話が必要になります。訪問サービス員として僕が出入りする、というのはどうです？」

僕はいたずらっぽくほほ笑む。

「そんなの要らないわよ」

と言ってから、老女は一瞬言葉を濁した。

「ま、そうね、なんか手助けが欲しいって気がしてきたかな。ミネラルウォーターとかジュースのボトルを五階まで運ぶのもけっこう辛いし」

「明日からそれは僕らが引き受けます」

これで少しでもその気になってくれるだろうか。

「明日の朝九時にお電話します。それでよろしいですか？」

「九時は駄目。九時五分にして。ニュースがあるから」

「承知しました」

それがラジオのニュースだと気づいたのは、階段を下り始めたときだった。

情報員マニュアルより

ルーティン型とフレックス型

ルーティン型

ミュールターラーの態度は、お年寄りにありがちな態度とは違っていたが、それでも彼女なりの方針にきっちりと従ったものだった。僕がそれを素早く見抜いたおかげで、交渉はことのほかスムーズにはかどった。僕が彼女の方針に逆らっていれば、今もあのテーブルクロスを張ったテーブルの前に座っていることだろう。ルーティン型人間に逆らえば、必ず罰を受ける。方針が通らないとルーティン型人間はすっかり思考を乱されるので、結局かなりの時間を取られることになる。

どうしてそういうやり方をするのか、とルーティン型人間に訊かないこと。相手はその質問に答えられない。おそらく、なぜそんなことを訊かれるのか理解できないだろう。

「いつもそうしているから」

この答えで納得しなければいけない。納得できない？　その場合ルーティン型人間は、別のやり方では駄目で、こうした方がよい理由を考え出すだろう。そして、おそらく自分でもその通りだと思っている。だが、そもそも理由なんかさほど気にもかけていない。実はとても単純で、いつもそうしてきたからそうする。理由を挙げようと思えばいくらでもある、ということなのだ。

ミュールターラーの場合、まずコーヒー、クッキー二つ、コーヒーの前に窓を閉める、それからやっと用件に入る。そうそう、それと一晩考える。五十年来そうしている、というわけだ。そのやり方がいつもうまくいったので、いつも必ずそうする。かといって、融通が利かないというわけではない。そのことを彼女は見事に示してくれた。ルーティン型人間だってリスクを冒すこともある。けれども果たすべき任務、行動、決められた手順といったものは、ルーティンに従う――ルーティン、つまりいつも通りの方法であって、新しいやり方ではない。

フレックス型の思考を乱すのは、まさにこれだ。いつも同じやり方をさせられると、息が詰まりそうになる。フレックス型は変化を求める。常日頃のやり方に時々新しいものを加味したい。毎朝まずジャムつきプチパン、次にハチミツつきプチパンという決まった朝食を摂らない。時には――たとえば――チーズプレッツェルだって食べたい。ルーティン型には思いもよらないことだ。

朝食の例ならばユーモラスに受け取ってもらえるかもしれないが、これが複雑な任務への適性とか遂行という問題になると、そうも言っていられない。チームの構成員があいにく正反対の性質を持っている場合、殴り合ったり殺したりしないまでも、苛立ちや欲求不満が絶えない。

ルーティン型は順序よく仕事を進める。まずAをしてからBに取りかかる。Bから始めることはできないし、Cからなんてさらに論外だ。まずA、次にB。他の順序はありえない。ニューヨーク行きの飛行機のパイロットがルーティン型なら、チェックリストの順序通りにきっちり任務を遂行してくれるから安心だ。パイロットがチェックリストの最初の三分の一を勝手に飛ばしたり、天気予報を確認しないで離陸しようとすれば、たまったものではない。

あるいは、別にロンドン経由で飛ぶ必要もなかろう、マルメだって美しい都市だし……と思われても困る。この点から見ると、パイロットや機長はその職業柄、順序よくきっちり任務を果たさなければならないので、それに見合った性質であってほしいものだ。

ルーティン型が重宝がられる職業はたくさんある。彼らは、苦もなく明確な指示をこなせる。方法が決まっておらず、自分で解決策を見つけろと言われたら困ってしまう。果たすべき任務と参照すべき手順がはっきりしていた方がいい。料理のレシピや取扱説明書に書かれている内容は、疑問を抱くことなくその通りに実行する。一部アレンジすることはない。仮に方法を自分で考え出さなければならないとしても、やってみてよいとわかれば、いつもそれに従う。さらに新しい方法を試す必要があるとは考えない。「現行のシステムをいじらない」をモットーに。

ルーティン型にとって厳格なルールは苦にならない。それらは方向性を与えてくれるのだから、破る必要はない。このタイプは正しい方法は一つだけと考えていて、それを知っていれば、変えることはない。

ルーティン型の問題は、すべてが決められた通りに進まないと困ってしまうことだ。いつも通りに行かないことがあっても、代替プランを考案してそれを埋め合わせる心のゆとりがないからだ。従うべき指示またはチェックリストがないと、それだけでどうしていいかわからなくなる。また、ストレスには極端に弱い。しかし、手をつけたことは最後までやり通すので、その点については信頼して大丈夫。最初と最後はルーティン型になくてはならないものなのだ。

フレックス型

このタイプの人は、無限の可能性とアイディアにたまらなく魅力を感じる。ルールを破ったり変えたりするチャンスは大好きで、抵抗できないほどだ。きっちり決めずに選択肢をできるだけ多く残しておきたい。もしかすると別のやり方を取りたくなるかもしれないからだ。そのため、このタイプの気持ちを惹きつけるためには、こんな可能性があるんだよと言ってあげればいい。

「このモデルでしたら、後から機能をいくらでも追加できます」と言われると、フレックス型は興味をそそられる。また、目標達成の方法を自分の考えで決めるのを好む。そしてできるだけ指示されたくない。これは、上司にとってプラス面とマイナス面の両方がある。プラス面は独創的な解決法を見つけてくれることで、マイナス面は、あれやこれやと思いついて気が散ってしまうことだ。

フレックス型は目標達成を重視し、その方法をかなり独創的に決めることもある。取扱説明書を読むよりも、最初からあれこれ試す方が合っている。ただしこれが曲者で、あれこれ試しても、目標に近づけないこともある。

あれ？　ということは、フレックス型は行動派なのだろうか？

行動派、交際派、分析派の項で、取扱説明書について僕が書いたことを思い出したかもしれない。答えはノーだ。三つのうちのどれであってもおかしくない。これまで見てきたどのタイプ分けを当てはめてもかまわない。要は相手をできるだけたくさんの側面から感じ取って、どのようにコミュニケーションするのが一番よいかを知ることだ。まずは相手に理解してもらうこと。そして人間関係のレベルで好印象を与えれば、相手はいずれこちらの望むことをしてくれるようになる。

フレックス型はフレキシブルで、従来の方法にまったくこだわらない。かなり革新的であることが多く、いくらでも別の方法を考え、目標に達するための新しい道をどんどん見つける。思いがけない出来事や偶然に怯むことはないし、無秩序はアイディアの宝庫として歓迎する。だが、拘束されると選択肢が少なくなって窮屈なので、問題が生じる。そのためにフレックス型が企画を最後までやり通さないこともよくある。もうよく知っていることはつまらないから、何か新しいものを開発したくなるのだ。

この二つのタイプが一緒になると爆発の恐れがあるんじゃないかな、と思うかもしれない。フレックス型は、いつもと同じことをするのでは満足せず、常にどこかを改善し、新しい解決法を試みて、できるだけ完璧にしたい。規則に縛られた状態では息が詰まりそうになるし、ぜんぜん楽しくない。前回うまくいった方法であっても、フレックス型はさらに改善したい。ルーティン型にはそのことがまるっきり理解できない。前回申し分なく機能したのに、どうして改善するのかと不思議に思う。

ルーティン型とフレックス型の両方をよく理解して、その時その時で求められるものに応じて使い分けている人は多い。それでも、たいていはどちらかに傾いている。

あなたは自分のことをどのくらい知っているだろうか。きっちりと決められた手順を守ると落ち着くのはいつだろうか。また、解決策を見つけるために、手順をまず自分で考え出さなければならない方が心地よいのはいつだろうか。

情報員は、両方のタイプを知っている。そして、相手がどちらの傾向にあるか、素早く見分ける。それができれば、相手に好印象を与えて、あなたの思う方向へと導くことができる。独創的な解決をルーティン型に求めたり、あなた自身のやり方をフレックス型に押しつけたりしない。相手にあなたのタイプを押しつけず、相手が自分に合ったタイプでいられるようにすれば、どちらのタイプからも、その人の持つ最高の能力を引き出せるだろう。それは職場だけでなく、この二つのタイプが火と水のように対立してしまう私生活でも言えることだ。

ダニエラとマックスが一緒に買い物に行くと、必ず喧嘩になる。ダニエラは、そうなるのはマックスが男性で、食料品などに関する感覚が欠如しているせいだと考えている。スーパーでトマトを見ると、冷蔵庫にトマトが五百グラムもあることを忘れてしまう。そしていつも同じスーパーに行きたがる。どこに何があるかを知っているからだ。ダニエラは、それではいつも代わり映えがしないのでつまらない。マックスにしてみれば、喧嘩になるのはダニエラが女性であるせいで、しかも彼女は買い物マニアの気があるのではないか、と考えている。でなければこっちの店からあっちの店へとせわしなく買い回るはずがないではないか。

ダニエラにしてみれば、他の店にもっとよい商品があるかもしれないし、サービスにあまり時間がかからないかもしれないから、見てみたい。できるだけよいものを、賢く買いたい。いろいろな可能性に対してオープンでいたい。ところがマックスはもともと買い物が嫌いというこどもあって、同じ店で済ませようとする。それだってきちんと買い物はできる。彼はテンゲルマン店内をよく知っているのだから。

賢いフレックス型社員が、解決策を開発するためにクリエイティブな方法でいろいろな可能性について探っている。けれども同僚はルーティン型だとわかっているので、必要書類は決められた期日までに必ず渡すと安心させてある。こうしてルーティン型の同僚は、これまでいつもうまく機能してきた彼なりのやり方で仕事ができる。クリエイティブ・開発部門と製造部門が戦闘的ともいえる関係にある会社も多い。情報局内ならば作戦実行部門と管理部門がそうかもしれない。これまでの方法で申し分なく仕事が進んでいたのに、作戦実行部門は次から次へと新しい方法を開発するので、管理部門にはさっぱり理解できない。そのために、クリエイティブな人たちは腹立たしい思いをすることになる。だってもっと前進したいじゃないか、と考えるのは片方のタイプで、もう片方はその必要を感じない。情報局と同じく会社でも、それぞれの目標に応じてルーティン型とフレックス型をチーム内で配置すれば、大きなプラスとなる。

ルーティン型を見分けるには？

どうしてその携帯電話を選んだの？　と相手に質問してみよう。

ルーティン型はその質問に直接は答えない。その代わりに、決心するまでの経過とそうなるまでの状況をあれこれ挙げて説明するだろう。

ルーティン型は、あなたもこうした方がいいのではないか、といったアドバイスを喜んでしてくれる。これまで使ってうまくいったやり方を称賛し、折り紙つきの方法を試してみたらと指摘し、自分の知っている「正しい道」を少しずつ勧める。こうしたことを頭に入れておくといい。

フレックス型を見分けるには？

フレックス型はあなたの質問に対して、その携帯電話を選んだ理由を、そもそもの始まりから詳しく話してくれるだろう。フレックス型は検討するべき基準をいくつも持っている。さらに、選ぶときにどんな機会や選択肢があって、それらがどのように購買の可能性を刺激したかなど、話す内容は尽きない。

フレックス型は、さまざまな可能性について好んで話す。フレックス型が何かを買おうとすれば、いろいろな機能を調べて試してもいる。そして、無限の可能性や選択肢を称賛しながら、何のどこを試したかを語ってくれる。常に新しい道、おそらくもっとよい道があると考えて、いつでも上を目指せるようにと可能性を残しておく。

情報員適性テスト

あなたは自分をどのくらい知っている？

自分をよく知っていればいるほど、相手の心を読むのも易しい。二つのタイプの違いをできるだけ頻繁に意識すれば、そこにうまく働きかけることができるようになる。たとえそれがあなたの個性の特徴であり続けたものだとしても、それを変化させることは可能である。情報員は二つの前提を満たしているので、それができる。その前提とは、思考や行動を高度に意識していること、そして徹底的な訓練だ。次のミッションでトレーニングして、これらをもっと伸ばそう。

ルーティン型情報員の任務

1．仕事をいつもと違う方法でしてみよう。あなたには必ずできると信じて。

フレックス型情報員の任務

2．苦しくても、同じやり方で通してみよう。あなたには必ずできると信じて。

こうすれば、あなたと反対のタイプの人をよく感じ取れるようになる。

Chapter 7

監視

翌朝、テレジア・ミュールターラーは八時四十六分に電話をかけてきた。

「もう準備しといたから、すぐにいらしていただいていいわよ」

「それは助かります。では明日の朝九時、いや九時五分すぎに仲間と伺います」

「今日来てくださった方が都合がいいんだけど」

僕は思わずにやりとしそうになった。どうやらおばあちゃん、すっかりその気になってるな。与えられたミッションに早く取りかかりたくてたまらないのだろう。残念ながらミュールターラーのアパートに運び込む装置は、まだ〈午後のおやつ〉の案件のために別の接触用アパートで使用されている。遅くとも明日の早朝には解体されて、情報局のエクスプレス便で新しい場所に運ばれることになっている。

「今日中にというのは、おそらく無理だと思いますよ。何かわかったら後ほどご連絡します」

「みんなで何人見えるのかしら」

「同僚を三人連れて伺いますが、彼らは機器類を組み立てるだけですから、すぐにいなくなります」

「じゃあ買い物してこなくちゃね」

「どうぞお構いなく」

「そういうわけにいかないのよ。一度決めたら、きちんとやらなくちゃ」

「もう一つお訊きしたいことがあるんですけど」

「はい？」

「どうやってお住まいに入ればいいでしょう？」

「呼鈴を押してくれれば」

「訪問サービス員は、ふつう鍵を持っていますが」

返事がない。僕は待った。かなりしてから、「わかったわ。一つ渡します」とミュールターラーが答えた。

ありがたいことだった。彼女は僕をすでに信用してくれているのだ。もちろん僕もこれを目指して努力した。僕が彼女のルールを守ったので、彼女は理解されたと感じて僕の頼みを聞き入れてくれた。出だしは好調。ミュールターラーはとても協力的だ。あとは、アパート内の新しい状況にうまく慣れてくれるといいんだが。

カメラの一つをサライ旅行社入口に合わせ、ドアが動いたらセンサーで始動し、十五秒間撮影するように設定する。撮影したビデオから、事務所に出入りする人間全員について鮮明な顔写真を作成する。もう一台のカメラは、建物正面全体とその前の広場に焦点を当てる。これは、周辺の概観を逃さないために、二十四時間作動させる。その他に夜間撮影用ビデオカメラ、記録装置、コード化した無線システムを備え付けた。監視装置としては上級クラスの豪華版といえる。

僕はティホフに会って報告を聞いた。もっと早くに会いたかったのだが、彼の属する犯罪組織の仕事があったので待たねばならなかった。走行中のバスの車内の様子をどんな細かい点も残らず聞きたかったのだが、ティホフはまずトルコでの体験を微に入り細を穿って話し始めた。彼は上機嫌で、豊かな表情と大げさな身振りをつけて描写するのを聞くのは楽しかった。やっとのことで話は肝心な点に達し、国境付近の様子に及んだ。

「すげえ汗かいてたぜ。豚みてぇにさ」

不法入国者に違いないと彼が考えていた乗客のことだ。

「うん。電話でもそう言ってたね」

「あいつら、捕まえたのか？　それとも泳がせてるのか？」

「どっちだと思う？」僕は質問を返した。

「俺はおまえのやり方を知ってるからな。まず泳がせておいて、背後の大物を捕まえようってわけだろうな」ティホフは思考をそのまま口にしている感じだった。

「バスから降ろして連行せずにそのまま みんなと一緒に行かせたからには、そうとしか考えられないもんな」

「鋭い推理だ。本当にそうだったらいいんだが」

僕はティホフに、実際にあった話を打ち明けた。

ティホフは何が何だかわからないといった顔つきで「どういうことだ？」と訊いた。

「全員問題なし。書類にも不審な点は一切見つからなかった。検問の成果はゼロだったんだ」

「おい、レオ、冗談だろ」

ティホフの顔が、まさかと言っている。

「本当だ」

「ありえねぇよ、そんなの。俺、この目で見たんだぜ。二十五時間一緒だったんだぜ。おかしい。絶対におかしい」

「どうしてなのか、僕もまったくわからない」

「あのさ、一人の男なんか、箱持ってたんだぜ。写真がいっぱい入ってた。白黒写真で縁がぎざぎざになったやつ。わかるか？　誰が写ってるかなんてどうでもいい。人を小さく写した小さな写真。小さな顔、黒っぽい服。家族と親戚一同の写真だぜ。そいつ、大事な宝物みてぇにずっと手に抱えてたんだぜ」

「何が言いたい？」

「そいつらな、家族とその過去をみんなまとめて箱に入れて持ってたんだぜ。俺のおふくろがそれと同じことをした。ドイツに移住したとき。じいちゃんも、それとばあちゃんもだ。戦時中に逃亡したときにな。あのなぁ、一番大事なのはな、想い出の詰まった写真なんだよ。ばあちゃん、スカートの内側に縫い付けてたよ。おふくろは今も大事に持ってる。前の生活を捨てて新しい生活を始めるとき、みんなそうするんだ」

ティホフは車を降りて、その日僕らが落ち合った、ミュンヘン市郊外にあるマクドナルドに立ち寄った。電話をかけてからタバコを一服するという。僕はそのあいだパズルの断片をあれこれ動かしてみる。

税関の役人は乗客のパスポートを集め、検査して返した。僕はティホフにそのことを何度も確認したのだが、パスポートを受け取るとき、パスポートの写真と乗客の顔とを比較したという。連邦警察局ほど徹底的に比較したとは思えないが、それでも顔と写真を見比べた。ティホフは四つの国境について報告したが、そのうちの一カ所では役人が、恐ろしく時間をかけてものすごく厳しくチェックしたという。

「客の顔を見たっててんじゃないな。スキャンしてたぜ」

パスポートが怪しい。旅券偽造業者の一味だろうか。これまでにないほど精巧な偽造技術を持つ奴らが出てきたのだろうか。あるいは、完全に新しい密出入国のやり方を開発したのか。それとも、密出入国ではなかった？ ティホフが「絶対におかしい」と判断したのは、別の犯罪だったのだろうか。


白い冷えた煙に包まれてティホフが戻ってきた。生温かい揚げ油のにおいが鼻をつく。僕は次の指示を与えた。

「これからカジノに行ってくれ。ビュレントが現れたら、あれは何のための検問なんだ、と訊くんだ」

ティホフはかぶりを振った。

「俺のやり方でやる。奴にこう言ってやる。もうご免だぜ。いっつもヤバいことばっかじゃねえか」

ティホフは目を大きく見開いて僕を鋭く睨んだ。僕をビュレントに見立てているのだ。

「てめえとは手を切るからな。サツにうろちょろされちゃ、仕事になんねぇんだ。いいか」

V人材に俳優の資質が備わっているのが役に立つこともある。それは、情報員にもいえる。

「その通りにやるといい」と僕はティホフに言った。

ティホフは笑った。

「ビュレントが来るのはいつも十時すぎだ。まだ時間がある。おい、レオ、ビールを一杯やろうぜ。あそこでさ」

僕は向かい側にある居酒屋の入口にちらりと目をやってから、腕時計を見た。

「これからデートなんだ」

「彼女の名前は？」

「テレジア」

ティホフは財布を取り出して、ごそごそと何かを探している。それから、片手で僕の肩をぽんぽんと叩き、もう片方の手でコンドームを僕に渡しながらウィンクした。

「楽しくやれよ」

第三日

木曜日 9/30

レース編みのテーブルクロス

僕が九時少し前に到着すると、エルディンガー電気商会のロゴが入った運搬車は、ミュールターラーの住むアパートの前にすでに止まっていた。僕は付近に駐車スペースを探す。僕がミュールターラーの住まいから電話するまでそのまま待機するよう、技術系の同僚に指示してあった。近所の人や好奇心旺盛な人の目には、新しい台所用電化製品がミュールターラーのアパートに納入されたように見えるだろう。だが、洗濯機や食洗機の段ボールに入っているのは、監視用装置なのだ。

「あ、いらっしゃい」

ミュールターラーは濡らした雑巾を手に持って出てくると、雑巾を僕の目の前に投げた。水滴が僕の膝まで撥ねた。

「靴の泥を落として。掃除したばっかりなんだから」

小声だが、命令口調だ。

僕はにんまりとして、言われた通りにした。ミュールターラーは首を伸ばして僕の後ろを覗き込む。まず右を、そして左。僕はアパートに足を踏み入れてドアを閉じてから、携帯電話を取り出した。

「これから同僚に電話を入れます」

「周囲に怪しい人なんかがいないかどうか、確かめなくちゃいけないんじゃないの？」

「ええ、それは大丈夫のようです」

それから三分後、僕は監視チームリーダーのロベルト・アインミュラーを紹介した。僕とロベルトは、前もってすべて打ち合わせ済みだった。接触用アパートで機器の管理やデータ処理をする情報員を、ロベルトが選ぶことになっている。ミュールターラーと互いに仲よくやっていける人物でなくてはならない。

黒髪を後ろで一つに束ね、黒の革ジャンを着たロベルトは、見かけは役人というよりもロックミュージシャンといったところだ。革ジャンの黒さのために青白い顔がつやつやと光っている。顔色が悪いのは、朝方までライブ演奏していたからではない。〈メルヴ〉の案件がラストスパートに入って、ここ何週間もろくに寝ていないせいだ。というのも、彼の主な監視活動は夜だからである。

「アインミュラーがここに来ることはたまにしかありません。支障はないか、確認に来るだけです」

僕がミュールターラーに説明すると、彼女はロベルトと握手を交わした。それから僕に訊いた。

「他の人たちはどこなの？」

「機器を組み立てる連中はもうすぐ来ます」

リビングに入ると、ミュールターラーがなぜそう訊いたか、すぐにわかった。テーブルに五人分のコーヒーの用意がされていた。白いプチパン、プレッツェル、バター、スライスハム、チーズ。

「だってねぇ、九時半っていえばふつうおやつでしょ。コーヒーもいま淹れているから」

ロベルトは十時に次のアポが入っていて、緊迫した状況にあった。それなのにミュールターラーに嬉しそうな笑顔を向けた。

「こりゃすごいご馳走だな。じゃあすぐにコーヒーをいただくか」

「でも、他の人たちを待たないと」

とミュールターラーが言った。それがマナーよと言わんばかりに。

ロベルトが僕にSOSの視線を送る。ミュールターラーの性質について僕から説明を聞いてはいたものの、高齢者のためのレクリエーションに付き合わされるとは考えていなかったらしい。

「彼はすぐ次の仕事に行かなければならないんで」

ロベルトは二分でコーヒーを飲み終え、さらに一分後には技術屋二人が到着した。

僕がミュールターラーに紹介すると、二人は軽く頷いただけで握手もせず、すぐに仕事にかかった。おそらく、もう彼女のことは頭にないのだろう。彼らの頭にあるのは監視機器を立派に組み立てることだけなのだろう。

機器の入った段ボールが一つ、また一つと五階まで運び上げられる。そしてその度にミュールターラーの目つきが暗くなった。合計すると、大きな段ボール箱三つ、無数の小型ハードケース、三脚数台、多数のケーブルリール、約二十平方メートルのモルトンの巻物がリビングを埋めた。心地よい眺めとは言い難い。僕の視界の隅っこで、ミュールターラーが二人分の食器をしまう。二人の技術屋は気づかないが、ロベルトは気づいて、面白がっている表情を浮かべた。それからロベルトは二人の技術屋に細かい点について指示を与え、ミュールターラーに見送られて玄関に向かった。

「次のときにはもうちょっとゆっくりして、おやつも少しは召し上がってね」

ロベルトはそうしますと約束した。

ミュールターラーはリビングの入口まで戻ると、腕組みをして技術屋の働きぶりを観察し始めた。リビングは次第に居心地悪く変貌してゆく。二人の技術屋は、見られていることにも気づかない。彼らは物体しか目に入らないのだ。階段状に並んだプランターとロッキングチェアが、注文したまま忘れられた商品さながらに戸棚の横に置かれている。細長い長方形の絨毯がロール状に巻かれ、ソファの上にはケーブルが何本もぐるぐる巻きになっている。アルミニウムのバーを載せる天井近くまである三脚は、冷たく異様な印象を与える。そこに黒のモルトン布を垂らして衝立代わりにするのだ。

「数日間だけのことですから。長くて三週間半で終わりますよ」

僕は慰めるつもりで言った。

「毒を食らわば皿まで、よね」

ミュールターラーはそう答えると、僕に背を向けてキッチンに向かった。布巾を取りに行ったのだ。技術屋が花瓶をどかしたときに水がこぼれたらしく、灰色の染みがいくつかある。作業をしている技術屋の傍らで彼女はそれをせかせかと拭き取り、絵の入った額をどける。自分でも何をしていいやらわからない様子だ。それは、自分のアパートでありながら、まったく馴染みのないものになってしまった。それでも健気に抵抗を試みる。技術屋が丸型または菱形をしたレースのテーブルクロスをどけると、また元に戻すのだ。技術屋がどける、ミュールターラーが戻す、の繰り返し。テーブルと戸棚をゲームボードとして、駒を代わる代わる動かすゲームにも似ている。ただし、技術屋は一向に気づいていない。何であるか見もせずにどかしている。

「終わりましたんで、失礼します」

と技術屋が言うのを聞くと、ミュールタールラーは椅子にへたり込んだ。

「まったくね」

僕もその横に座る。と、彼女はすぐに立ち上がった。

「それなら二人でコーヒーを飲みましょう」

「喜んでいただきます」と僕は言った。

「それと、何をしたらいいか、きちんと説明してちょうだい。あの機械、どうしたらいいか」

僕は思わず笑った。「操作は僕らがすべてやりますよ」

「スイッチを入れたりとか、焦点を合わせたりとか、テープを取り替えたりとか、しなくていいの？」

「大丈夫です」

「はい」

「それなら、おやつにしましょうね」

プレッツェルを半分食べたころ、僕は彼女の心の傷を少し癒してあげることに成功した。

ミュールターラーは、それまで対価とか補償金とかについて一度も口にしなかった。祖国のために何かできる——それだけで彼女には十分なのだ。情報局が彼女に支払うのは、それほど大した額ではない。

「ご迷惑おかけして申し訳ないです」

僕は段ボール箱やハードケースやカメラやごちゃごちゃしたケーブルを目顔で指す。

「その分の補償はもちろん情報局の方でさせていただきます。そうですね、今月分の家賃はこちらが持ちます」

「四百六十ユーロを?」

どうやら被る迷惑を補償されるとはこれっぽっちも思っていなかったらしい。そして、思いがけず心付けがあると知って、見るからに嬉しそうだった。

「このところ洗濯機が脱水のときにひどい音をたてるの。こういうのってまったくわからなくって……もしかして、手を使うのかって……」

僕はそれを心に書き留めた。修理の人を呼んであげれば済むことだ。それから僕は、今後のことを説明した。

「同僚のアンドレアス・ブラウアーが、機器類の操作と点検をします。それと、何か特別なことがある場合には、外で監視に当たっている同僚にここから指示を出します」

「わかったわ。二十四時間体制なのね」

「いや、差し当たり夜間を除きます。今日は夜九時までここで作業することになっています。軌道に乗ったら、ずっとここにいる必要はなくなりますから。それでも一日一回は見に来ます」

「だけど夜じゃないでしょう」

「ええ。緊急事態にならない限り」

「仮のベッドを用意しましょうか。ソファに……」

「ご親切にありがとうございます。でも、それは結構ですよ。仕事に来るので、寝ているわけにいきませんから」

「あなたが来てくれるなら、私も安心なんだけど。どうかしら？」

「そうしたいところですが、僕には別の任務があるんですよ」

「でも、時々は寄ってくださる？」

「ええ」

「いつかしら？」

「できるだけ頻繁に来られるように調整します」

「ポニーテールの親切な人も、来るかしらね」

「彼も来ます。彼はブラウアーの上司だし、監視チームのリーダーでもあるので」

ミュールターラーはコーヒーをスプーンでかき回しながら考え込んでいる。砂糖もミルクも入っていないコーヒーを。

「で、外からはこれ、見えないの？」

「外からはまったく見えません」

「じゃあ、私の身に危険はないのね」

「大丈夫ですから安心してください。僕らはこうした監視には慣れていますからね。部屋の電気をつけた状態でも外からは見えないようになっています。ただし、誰も中に通さないで下さい」

「あなたとご同僚の他は」

「そう、僕ら以外は」

ミュールターラーはふっとため息をつく。

「わかってるわよ、そんなこと。どうせ訪ねて来る人なんていないんだから」

そう言って姿勢を正した。

「週末もあなたかご同僚かが来るのよね」

「そうです。毎日来ます」

「それなら日曜クイズの時間には、呼鈴を押さないでね。気が散るから」

「では、勝手に鍵を開けた方がいいということですか？」

「ううん、もちろんまず呼鈴を押して。私が買い物に出て留守だったら開けていいけど。鍵を二つ渡しておくわね。全部で四つあるんだけど、一つは忘れたときのために地下室に置いてあるから。ええと、日曜クイズの時間には来ないでほしいの」

「それ、ラジオ番組ですか」

「そう。音量を下げるわけにいかないから」

「あの、ミュールタ―ラ―さん、音量を下げる必要はないんですよ。いつもする通りにしていて下さっていいんだ。制限されるのは、窓付近だけで、音は関係ないですから」

「まあ、そうなの」

ほっとした表情が顔に広がる。

「それならよかった。じゃあ、これで毎週応募できるのね。これまで何度も当てたのよ。頭文字だけ与えられて、あと残りの部分を当てなくちゃならないの。あなた、一般教養はおあり？」

「そのつもりですよ」

僕は思わずにやける。

「それじゃ、日曜に来ていただくのもいいわね。ポニーテールの方も頭がよさそう。青白い顔をしてたから、読書家に違いないわね」

「ええ。僕もそう思います」
僕は真顔で頷く。読むといっても書類だけど、と心の内で思いながら。

情報員マニュアルより

囮《おとり》の鳥と餌

あなたは、周りの人をどのように扱っているだろうか。そして、あなたは人からどのように扱ってほしいと願っているだろうか。情報員は、適切な人から適切な情報を引き出す。現在のあなたはどうだろうか。あなたの垂らした餌に、大きな魚が食いついているだろうか、それとも収穫なしの釣り竿を水から引き上げているだろうか。

あなたの網が空っぽだとしたら、重要ではない、任意、誰でも構わない、というメッセージをあなたが送っているから、ということも多い。それは、情報員の、あるいは職場の日常に限らず、私生活の場にも当てはまる。なぜなら、こうしたものが人間関係を壊すからだ。あなたにとって自分がどのような意味を持つかわからなければ、相手はあなたに自分自身の重要なことがらを話すことはない。その人はあなたに対して心のドアに鍵をかけるので、その人の心を読むのは難しい。

信頼は何もしなくても手に入るものではない。手に入れる努力が必要だ。あなたの信頼を得るために他の人たちが努力したのと同じように。努力といっても大変なことではないが、信頼がどのようにして生まれるかを知っていなければならない。自分のことを秘密にして話さないという態度では、土俵の外に出されるだろう。

他の人たちがあなたについて明瞭なイメージを描けるように、あなたの個人的なことがらを打ち明ける必要がある。それには、あなたのプロフィールを相手に見せること。あなた自身について、およびあなたの持つ価値について、端的なイメージを相手に伝えること。相手があなたのことをよく知れば知るほど、また、あなたのことをよく知っていると信じれば信じるほど、あなたをどこまで近寄らせるべきかとか、あなたにどんな情報を打ち明けたいか、といったことが決めやすくなる。

相手はあなたのために、ふつうしないようなことをしてくれるだろうか。あなたに肩入れしてくれるだろうか。あなたの提案やオファーを受け入れるだろうか。

相手に自分を知ってもらうといっても、私生活のこまごまとした部分を何でも構わずぶちまけろ、ということではない。むしろ、自分についてのどの情報を打ち明け、どの情報を打ち明けないか、はっきりと意識して決めることが大事である。基本的には、よいイメージを与えることがらを強調し、それ以外のものはぼかす。そして、真実だけを語ること。

意外なことかもしれないが、相手の心のドアを開くのは、あなたの大手柄とか優れた能力などではない。ましてや家や車やボートの話でもない。いま決断を迫られている難しい問題のこと、この前の企画がうまく行かず、高い授業料を支払わされたという手痛い体験談、最高に恥ずかしい思いをした瞬間のこと、そこから学び取ったこと、そのとき計画を取り止めねばならず、そのことを思い出すと今も恥じ入ってしまうという話。

自分の失敗談を話すのはいい。弱い部分や変わった部分を話すのは構わない。それによって、あなたがどのような価値に従って考え行動するか、あなたが決心する土台は何か、といったことが相手に伝わる。しかも、相手はあなたの話の行間から読み取る。マイカー、マイホーム、ボートなど、いかにも自慢話に聞こえることはない。

相手が僕のことを知らなければ、相手も自分自身のことをあまり話さないか、または当たり障りのないことだけを話題にする。

英雄物語を創作して、相手の気を引くようなメッセージを散りばめ、ちょっぴりエレガントに語っても、目標に達することはできない。また、相手に話の調子を合わせて、相手が聞きたいことを話すのでもない。あなたが自分の話を打ち明けるとしたら、周囲の人たちがあなたから受け取るものと一致していなければならない。あなたの行動や決定の仕方と調和していなければならない。でないと心のドアは開かない。おそらくあなたが気づかないうちに閉じてしまう。相手があいにくそこそこ芝居のできる人だったら、あなたはそのことに気づきもしないだろう。

僕らはみんな、あるがままの自分を知ってほしいと願っている。また、相手を本当に理解したいなら、相手に興味を抱くことだ。相手に対する自分の先入観に興味を抱くのではない。

長年一緒に仕事をしてきた部下の、一の位がゼロの年の誕生祝に、上司がいろいろな食品を盛ったバスケットをプレゼントするとすれば、それはさまざまに解釈できる。「君のところはもうすべて揃っているから」または、「人間としての君にこれまで特に関心を持ったことがないから、君が何に興味を持っているのか知らない。手ぶらで来るわけにもいかないし、食品なら誰だって使えると思って」かもしれないし、「君はイタリア製サラミと上等のワインに目がなかったよな」ということかもしれない。

勤続年数の長い社員が、完全菜食主義を通して生活しているのに、そのことを誰にも言ったことがないとすれば、どんなプレゼントをもらっても本人の責任だろう。

情報員適性テスト

あなたの個性の、どの側面をを強調し、どの側面を言わないか、きちんと選択しよう。あなたが語る情報によってどのようなメッセージを相手に伝えるかを意識すること。といっても、演出されたような印象を与えないように気をつける。

信頼関係のレベルに達するためには、どちらか片方が最初の一歩を踏み出さなければならない。情報員は、それを率先して行うことに慣れている。といっても、こちらに向けられたナイフに向かって突き進むのはご免だが、情報員は意識されない能力が高度に発達しているので、そういうことは起こらない。

あなた自身のことを観察してみよう。あなたが相手を、その仕事や特定の役割だけから受け止めるのは、どんなときだろうか。セルフサービスのレストランで、カウンターの向こうからロールパン四個をこちらに渡してくれる人。僕から代金を受け取って、釣銭をくれる人。電話でこちらの苦情を聞いてくれる声。レースのテーブルクロスを収集していて、何かというと僕の行く手に立ちふさがって仕事の邪魔をする人。

このように相手を見ていたのでは、前に進むことができない。僕らのミッションは次の通り。その人の果たす任務の背後にあるのはどういう人物かということを認識して、その人の持つ側面すべてを少しずつ発見していくこと。どの人もさまざまな性質を持っている。それらを発見するかしないかは、僕らにかかっている。僕らは情報員なので、何の苦もなくできるはず。

Chapter 8

鷲の高巣と鳩舎

金曜日 10/1 ~ 水曜日 10/6

四日目~九日目

鷲が高巣に座って下方を眺めるように、僕らはビュレントの事務所周辺を観察した。サライ旅行社の様子は、実際に鳩舎を思わせるものがあった。人が来て挨拶し、握手を交わす。茶を飲むか、タバコを吸う。両方のこともある。少しだけ雑談して、また出て行く。出入りするのは、これまで毎日同じ顔ぶればかり。この界隈に住む人も多い。みんなが互いを知っている。挨拶してから少しおしゃべりして、また出て行く。まもなく出入りした人物全員の写真ができた。ピントがぴったりと合った顔写真は、近距離から写したのかと思うほどの出来具合だ。情報局にすでに馴染みのある顔もあるし——害のない連中だ——まだ知られていない顔もある。

情報局内の写真部は、情報局の流儀に従って写真を処理する。写真のオリジナルの背景は、変更したり輪郭をぼかしたり消去する。そのため、撮影された場所とか、一連のシリーズだということは、見てもわからない。こうしてできた写真を、ビュレントともサライ旅行社のグループともまったく関係を持たない人物の写真多数と混ぜて、複数のＶ人材に見せた。――顔を知っている奴はいるか？　この男について、何を知っている？　こうして四十八時間後には、旅行社に出入りした人物のほとんどについて名前と住所が判明し、慎重に第一評価が出された。

ビュレントには、セルカンとクヴェートという二人の相棒がいる。その他に家族、親戚や姻戚――ここにはかなり遠縁の者たちも含む、昔からの友人、近所の住人、二つ先の通りにある飲料水店を営むオスマン、ディスカウント・ベーカリーのスィリ、イスラム文化振興協会からセキ、アドナン、メルズートの三人、アラカラ旅行社のイルハン、トルコ人およびアラブ人の保険契約を世話するムーザ、いくつかの商売を持ちながら賭博王としても知られるキスメット。

事務所にはビュレントとその相棒が来ては去り、また来ては去る。出入りする人々はいつも同じ顔ぶれで、タバコを吸い、茶を飲む。客が入って来ることはほとんどない。どう見ても怪しい。急に緊迫感が高まるのを感じた。ザビーネもそれは同じだった。僕らはあらゆる手段を総動員することにした。これが成果を生まないとは考えられない。いや、大変な騒動となるか。空振りの可能性は頭になかった。時間はまだある。たっぷりではないが、それでも僕らのミッションを成功させられるはずだった。

接触用アパートの設備を整えてから一週間後、イスタンブールから予想外の緊急報告が届いた。四十二人の乗客を乗せたサライのバスが間もなくこちらに向かう予定であることは、僕らも知っていた。この便は週二回、定期的に運行されているらしい。だが、密出入国を示す動かぬ証拠が新たに得られなければ、連邦警察局に検問を頼むことはできない。僕とザビーネがどれほど強い確信を抱いているとはいえ、証拠はつかめていなかった。だから、イスタンブールの情報源が注意深く観察しているのはありがたいことだった。

フィリップのV人材が電話で報告してきたところによると、数分前にイスタンブールを出た最後の便の出発前に、かなり目につくハプニングがあったという。まず、七人ないし八人の乗客がサライの事務所内でパスポートを渡された。その人々は受け取ったパスポートをじっくりと調べ、感心しているような表情を浮かべた。ここまではもう何度も聞いた話だが、新しいことが一つあった。彼らは、パスポートを受け取る前に別のパスポートを渡したという。つまり、パスポートが交換されたのだ。確認を促されたV人材は、ちゃんとこの目で見たから間違いないと答えた。これで僕らの仮説は裏付けられた。警察による検問のときパスポートを二つ所持していたら、怪しいどころの騒ぎではない。

イスタンブールのV人材が今回観察した事実は、僕らの捜査に重大な拠りどころを与えてくれた。それは、あることは知っていたけれども、どこにあるのかわからなかったパズルの一片を僕らに指し示してくれた。さらに一歩進んだのだ。とはいえ、この出来事が何を意味しているのかは見当もつかない。

全員が乗車した後、男が二人と女が一人、バスから引きずり降ろされた。彼らはバス会社の係員と大声で言い合い、揉み合って抵抗している。そうしている間にも係員が積荷の中から三人の荷物を探し出し、バスから降ろした。それを見て女性が泣き出し、わめきながら握りこぶしで車体をどんどん叩く。二人の男は力づくでバスに乗り込もうとしたが、係員三人と運転手二人によって抑えられた。その後、係員が男女三人から書類を取り上げ、別の書類を胸元に投げつけるのを、イスタンブールの情報源は目撃している。

イスタンブールで何が起こったのか。これは何を意味しているのか。情報局の指示で行われた検問のせいで、バス会社は神経を尖らせているのだろうか。あの三人は、料金を払わなかったのか。それとも取り決めを守らなかったのか。偽造——僕らはこの時点でそう仮定している——が粗末だったのか。それにしても、こんなに間際になってそれがわかったのは、なぜだろう。それとも麻薬とか武器などを密輸しようとした乗客がいるのか。ただでさえ危ない橋を渡っているのに、そんな危険をしょい込むなんてもっての外、ということか。あるいは昔の借りを返した、ということもありうる。つまり、僕らの捜査とは無関係の、個人的なレベルで演じられた復讐劇? こういった可能性もすべて、考慮に入れる必要がある。

現在集まった情報だけでは、部長に検問を支持してもらうのは無理だった。それでも、イスタンブールの情報源からの報告によって案件に躍動感が出てきた。サライ旅行社が観光業で成り立っているのではないことは、どこから見ても明らかだ。それは僕らにとって重要なことだった。作り話の裏側に真の営みがある。作り話といえば、僕らにはお馴染みのことなのだ。

秘密捜査

僕は夕方、ミュールターラーのアパートに立ち寄った。会ってすぐに変だぞと感じた。意気消沈している様子なのだ。玄関のドアを開けてくれたものの、何も言わずにそそくさとキッチンに戻った。何があったのだろう。

「問題はないか?」

僕はアンドレアスに訊いた。彼はリビングで一台のカメラをいじっている。

「首尾上々。今日は特に変わったことはなかった。同じ顔ぶれ。いや、一人初めてのがいたな。若い女の子だ。親戚かもしれない。親戚ならうようよいるらしいし」

「他はどうだ？」

アンドレアスは肩をすくめた。

「ミュールターラーさんとはうまくいってるのか」

「うまくいくも何も、あの人、一日中キッチンに閉じ籠って、うんともすんとも言わないよ」

これはただ事ではなさそうだ。

アンドレアスは歪んだ笑みを浮かべた。

「ここ、どことなく墓場って感じのにおいだな」

やはり、僕の予感は正しかったようだ。


ミュールターラーはキッチンの丸椅子に腰掛けて、紅白のチェック柄の布巾をぎゅっと握っていた。すぐ目の前にポータブルラジオが置かれている。

「どうです、調子は？」

「あの人、この仕事、もう長いの？」

ミュールターラーはそう訊きながら、リビングに顔を向けた。

「携帯電話ばっかり見てるのよ。窓の外なんかろくに見てないんじゃないかしら」

なるほど、問題はそこにあったのか。僕の心配は当たっていたわけだ。困ったことになった。この人が僕にコーヒーも勧めないなんて。僕の顔をまともに見ようともしない。よほど嫌な思いをしているのだろう。即刻手を打たなければならない。確かに自分の家にいつも誰かがいるというのは心地よいものではない。だからといって、わが家にいながら邪魔物のように感じるべきではない。これでは僕らのミッションが瓦解しかねない。アンドレアスを作戦から外さなければなるまい。僕は、二つ先の通りで待機しているロベルトに無線で連絡を取った。

「すぐこっちに来てもらえるか」

「わかった。三分で着く」

ロベルトは理由も訊かずにそう答えた。

ロベルトの姿を見ても、ミュールタールーラーの機嫌はよくならなかった。僕とロベルトは、無言のまま視線を交わして互いに頷いた。これで、次の方策が決まった。

今日は少し早めに帰っていいとロベルトが言うと、アンドレアスはさっとリュックサックを肩に掛けた。一刻も早くここから出たい、そればかりを願っていたのだろう。それは今に限ったことではあるまい。彼をこの任務から外すことは、僕らのミッションにとって緊急の策だった。今日はこれで失礼しますと僕が挨拶しても、ミュールターラーはアンドレアスを無視している。彼の方も声をかけるでもない。それを見て、僕は確信を強めた。ここ数日、二人ともどれほどの思いに耐えてきたことか。それにしても、ミュールターラーはよく頑張り抜いたものだ。僕に電話をかけることもできたはずだった。だが、一度決心したことはやり通す人なのだ。何があっても。どんな犠牲を払っても。

けれどもルーティン型人間といえども越えてはならない一線がある。そこを越えると、これでは我慢ならないから出て行ってくれ、と僕らに頼むだろう。だが、僕らにとってこのアパートはどうしても必要なのだ。これが僕らに残された、たった一本のか細い藁。錯綜した〈カップ〉の件を解決するには、この藁にすがるしかないのだ。

僕はアンドレアスと並んで階段を下りた。ロベルトは僕らの前を行く。

「これでまた一日、無事にすんだな」

僕は気軽な調子で声をかけた。

「朝起きてあのババアの家に行くことを思うと、嫌でたまらないよ」

と言ってアンドレアスは目を剥いた。

「とても親切な人だけどな」

と僕は言った。アンドレアスからもっと話を聞くためだ。

「親切だって？　よく言うよ。ぼろアパートに一日中籠りっきりでさ」

アンドレアスはここで声を高くした。

「コーヒーはいかが？　バターを塗ったプレッツェル、召し上がる？　一般教養はおありかしら？　窓を開けてはいけないのよ……」

「親切な気持ちで言ってるんだよ」

僕は穏やかな口調で言った。

「それに、あのにおい。病院とか墓地のにおいだ」

なるほど、墓地か。僕は心の中でアンドレアスの任務を葬った。この件だけではない。しばらくアンドレアスを全作戦から外すことになるだろう。彼は、情報員が守るべき重要なルールを同時にいくつも破ったのだ。ロベルトがちらりと振り向く。その深刻な視線が、僕の視線とぶつかった。

「それにあのババア、毎晩何を食べると思う？　プレスザック（豚の肉と血、ベーコン、獣脂などを布に包んで押し固めたソーセージ）だぜ。脂っこくて血ののった冷たいプレスザック……うぇっ」

「それがどうした？」

何気ない風を装いたかったが、今回はあまりうまくいかなかった。アンドレアスもそれに気づいて、説明しなければと感じたらしい。

「ほんと、吐き気がしそうだよ。ぷにょぷにょしたやつ。それをごつごつした指で挟んで、僕に……」

僕らは一階まで来た。アンドレアスの車は地下駐車場に止めてある。僕は二人の同僚とそこで別れた。ロベルトがアンドレアスを任務から外すと確信していたので、それから三分後にミュールタ一ラーに電話を入れた。

「明日は別の者が来ますから。一緒にいて楽しい奴ですよ」

「あら、そうなの」

「ブラウアーとは波長が合わなかったみたいですね」

「あら、気がついたの？」

「すぐにわかりましたよ。あいつはまだ若いんで、もうちょっと勉強してもらわないと。今後そういうことがあったら、僕に電話してください。お願いします。ミュールターラーさんにとって大変な状況なのはよくわかります。それでも気持ちよく過ごしていただけるよう気を配るのが僕の任務なんです。ご協力にはとても感謝しています。だから、僕らがお邪魔している期間、少しでも心地よく過ごしていただけるために、できることは何でもしますから」

「それはご親切に」

ここでミュールターラーはためらった。

「明日は誰が来るのかしら」

「僕らのチームで一番気のいい奴が来ます」

僕は嘘を承知でそう言った。残念ながらロベルト自身がアパートでの監視に当たるのは無理なのだから。理想を言えば彼にやらせたいところだ。ミュールターラーから好かれていることもあるが、彼の人柄のためだけではない。彼は近距離監視についても優秀だ。簡単そうに思われるかもしれないが、これは多大な集中力を要する重労働である。誰が監視しても、必ず隙がある。この隙が少ないほどよい。短いトイレ休憩は問題にならない。危険なのは、気が散って他のことが頭を占めてしまうことだ。

恋愛の悩み、休暇の計画、四十度の熱を出して家で寝ている娘、これから直面する難しい話し合い、クリスマス、やることリスト、買い物リスト……こうしたことに気を取られて注意力が散漫になっているのに、自分で気づかないことがある。身体はそこにいて窓の外を見ているのに、実は何も見えていない状態。駄目だ、しっかりするんだ、と自分に活を入れても、こんなときは役に立たない。思考をコントロールするのは、一握りのノミを管理するより難しいのだから。プライベートな問題を抱えている場合は特に厳しい。恋の悩みがあったのでは、監視にならない。

ロベルトは、近距離監視にかけては最も優秀な情報員の一人だが、今では自ら前線で動くことは滅多にない。チームのリーダーとして、作戦行動をコーディネートしたりメンバーをコーチしたりするのが彼の役目だ。彼は監視中に一度も持ち場を離れない、という噂まである。一度も、というのはトイレ休憩すら取らないということを意味する。

アンドレアスが不適格であると気づくのに何日もかかったのが、腹立たしくてならない。もっと早くに交代させるべきだった。こうした状況では通常そのように処置する。ぐずぐずして問題のある情報員をそのままにしておくと、大変な結果を招きかねない。任務から外された情報員は、別の場で自己啓発のチャンスを与えられる。緊迫していない場面でゆったりと訓練を受ける。

このような措置は、一般企業では取らないこともある。企業でこのようなケースがあると、社員に問題点を申し渡し、守るべき規則を示し、守らなければどうなるかを示唆する。しかし、情報員がそのように時間を無駄にすることはない。人は一晩では変わらない。変えられるとしても、限界がある。ということは、別の部分を変えなくてはならない。それは、状況かもしれない。迅速な成果が大事な場合は、それが成功につながる道だろう。

情報員にとって最も重要なのは解決することだ。他の人も自分と同じように考え行動する、と自分に都合よく考えることはもはやない。というのも、情報員は人間についての専門的な洞察力を持っているからだ。出来合いの考え方や先入観を当てにすることなく、意識的かつ柔軟に行動する。想像力と感情移入力が十分に備わっているので、すっかり相手の気持ちになることができる。そのおかげで、相手の真の姿を見抜き、心を読んで導くことが可能になる。

これが情報員の能力だ。あなたは今、どのあたりまで達しているだろうか。アンドレアス・ブラウアーのような同僚が今後うまく自己啓発するチャンスを持てるように、あなたならどのような任務に彼を就けるだろうか。僕らはみな、指導者の好意に頼るしかない。指導者からその知識を分けてもらい、いつしか自分が他の人たちの指導者となる日が来るように。

ターゲットの夜間の活動

木曜日 10/7 〜 月曜日 10/11

十日目〜十四日目

監視員の交代は正解だったと、早くも翌日にロベルトから連絡を受けた。二日後に彼と少しじっくり話し合う機会があって、シュテファン・デュルが熱心に任務に当たっていることを僕は知った。

「あいつ、ミュールターラーさんの家が気に入ったらしい。互いにいい相手が見つかったってわけだ。昔話、いくら聞いても聞き飽きないって」

ロベルトはここで声を立てて笑った。

「お昼は手料理をご馳走になってるんだってさ。これが二週間半も続いたら、三キロは増えるって言ってたよ」

残るは二週間半。時間は飛ぶように過ぎるのに、まだ具体的な事実をほとんどつかんでいない。検証し解明すべきことがたっぷりとある。というのも、シュテファンだっていたずらにミュールターラーと仲よくやっているわけではなく、有望な手がかりをあちこちで見つけているからだ。これまでサライ旅行社の関係者七十人、所有する車両三十六台をリストアップした。それだけでも接触用アパートを設置した甲斐はあったわけだ。車両のうち二台は、警察に厄介になったことのある人物に帰属していた。そのうち一人は二〇〇四年から二〇〇八年のあいだに強制売春および人身売買で何度も起訴されたが、いずれも証拠不十分で検察庁が取り下げた。これだけでは部長を説得できないが、進んでいる方向は間違っていない。

僕としては、ミュールターラーがよい待遇を受けていると知って心から安心した。僕の興味は情報にあるとはいえ、ミュールターラーが自分の住まいで心地よく過ごせることには、大きな意味がある。でないとミッションの安全を確保できないかもしれない。現場監視員と住人が仲よくやっているという小さなことこそが、成功への後押しとなるのだ。

「首尾はどう？」

僕は窓の前に座っているシュテファンに訊いた。接触用アパートには時々情報をチェックしに立ち寄る。

「絶好調だよ」

シュテファンは窓から目を逸らさずに答えた。

「ロベルトから聞いたんだけど、夜もここにいたいぐらいなんだってな。家に帰ってもろくな食事がないから」

と僕は言った。

「食事のことだけじゃないのよ」

ミュールターラーは秘密めかした表情で言うと、さっと寝室に消え、すぐに夜間望遠鏡を持って戻ってきた。シラー通りのバンド眼鏡店から借りてきたという。店名を印刷したステッカーが貼ってある。

「鳩を観察したいって言って借りてきたの」

僕とシュテファンはミュールタ一ラーをまじまじと見つめた。この瞬間、G8の各国政府首脳が揃って到着しても、僕らに気づかれずにサライ旅行社に入ってしまったことだろう。僕らが唖然としている様子を、ミュールターラーは面白そうに見ている。

「今日まで三夜ほど、夜中に起きて監視したのよ。一時間寝て、一時間監視してっていうのを続けたの。だってねぇ、上司さんに対するあなた方の覚えがよくなるようにって思ってね。あなた方が監視しているのは昼間だけでしょ。だったら抜けちゃうことがあるかもしれない。だから私がちょっとお手伝いしたの」

「抜けるってことはないんですよ。センサーがついていて、動くものがあったら作動するようになってますから」

シュテファンはにやりと笑った。ミュールターラーのハイテク・パフォーマンスに心が和んだのだろう。

ミュールターラーは両手を腰に当てた。

「じゃあ、隣の中庭を通って裏口から出入りする人たちは、どうなるっていうの？　このセンサーじゃ役に立たないわね。三十九番地の角から入れば、中庭を通って四十一番地に来られるのよ。昔は所有者が一緒だったんだけど、別々の所有になってからも、四十一番地には独立した裏口がないのね。だからゴミ用コンテナの後ろにある連絡通路を通って誰でも出入りできるようになっているのよ」

僕は、自分の耳が信じられない思いだった。

「何だって？」

シュテファンの声のトーンが上がった。

「ご近所さんとお話ししたわけ。こういうことって、部屋に閉じ籠ってたんじゃわかんないでしょ。だから外回りもしないとね」

それは、爆弾のような情報だった。それでも僕は、このおばあちゃんを見て笑いを禁じえない。説明しているところをビデオに撮りたいくらいだった。あたかも憤慨しているかのように頬を紅潮させ、ハイテク機器の並ぶリビングに立つ、エプロンをつけたおばあちゃん。今日のエプロンはジャガイモとズッキーニの柄だった。

「私ね、三十九番地のシュタウダーさんのところにコーヒーに呼ばれたの。シュタウダーさんにはお医者さんのところで会ったんだけど、ご主人は当時、あそこに守衛さんを置いていたのね」

「どんな人が出入りしているの？」と僕は訊いた。

「リュックサックを背負った人たち」

「リュックサックって？　どんな？」

「そうね、迷彩色の、兵隊が持つようなリュック。あと、帆布の。それと、ビニール袋を持った人たちもいたわね。それから車が何台も来た。人々を乗せて来たり、人々を乗せて行ったり。警察バスみたいな車だけど、警察とは書かれていなかった。窓から車内は全然見えなかったわ。車体には〈清掃のプロ〉って書いてあって、ナンバーも控えといたわ。昨日の夜十一時から一時の間は車と人の出入りが激しかったわね」

ミュールターラーは口の端を大きく歪めてにやっとした。

「あれって運び屋なんでしょ」

情報員マニュアルより

アンドレアスよりもシュテファンの方がずっとたくさんの情報を得られたのはなぜだろう。ミュールターラーが、僕がいるときに夜の監視活動の報告をしてくれたのは、なぜだろう？シュテファンの方が聡明で老獪な聞き込みのプロだから、というわけではない。彼が相手を高く評価しながらミュールターラーと接したからだ。僕もその通りに彼女と接した。そのため、彼女はそれに応えてくれた。敬意を持って接すれば、誰もがそのように反応する。これは、動機づけだろうか、それとも感情操作だろうか。それは、僕らの相手に対する態度によって違う。相手に勇気を与えるか、それとも相手のやる気をくじくか。

適切な動機づけを見つけるかどうかで、事の成否が決まることもよくある。幼い子供に自分の部屋を片づけようという気にさせることから始まって、最高経営責任者になっても動機づけの問題は付きまとう。ただし、どのような理由や目標や感情によってやる気になるかということは、一人ひとり違っている。ある人があることに動機づけられて最高のパフォーマンスを発揮しても、同じ動機に対して他の人は肩をすくめるだけかもしれないし、かえって能力が発揮できなくなるかもしれない。いろいろなタイプの人がいて、どのような理由があるとやる気になるかがそれぞれ違っているのだから、それは当然のことだ。

すごーくたくさんの親切な人に会える、と言われれば交際派は勇み立つが、分析派は尻込みするだろう。行動派のやる気をそそるのは競争だが、交際派は競争と関わりたくない。みんなと仲よくしたいからだ。人を効果的に動機づけるためには、相手の性質をいくらか知る必要がある。少なくとも二つの本質的な相違をはっきりと認識したい。

人間についての洞察力を身につけるミッションにおいて、繊細かつくっきりとした相手の像をとらえる努力は一生続けるべきである。だが、咄嗟に判断する場合には、これがなくても済むことが多い。たいていの人間の行動は、何らかの性質に強く支配されている。交際派、分析派、行動派のどれかの性質がはっきりと目につき、ルーティン型またはフレックス型のどちらかに強く傾き、ルーペか広角レンズ、どちらかで見る……という具合に。そして、困難な状況にあるときや精神的ストレスがあるときは、支配的な性質が一層はっきりと表れる。

分析派はいつも正しいと認められたいし、行動派はみんなから注目されたい。交際派はすぐに傷つく。これほど明白なしるしを情報員が見逃せば、致命的な失態といえるだろう。だから、前面に見えるものに反応してはいけない。その背後にある本当の姿勢を見抜くこと。

そのために、話の大筋をいつもしっかりとつかんでいたい。情報員の財産は相手を素早く的確に判断する能力にある。そしてそのかなりの部分を、あなたはもう身につけている。

向かうタイプと逃げるタイプ

人の心を惹きつけるものって何だろう？　どんなものを魅力的と感じるだろう？　人はどのようにして自分を動機づけるか。また、相手を動機づけるには、どうしたら効果的か。

ユリアンとダヴィッドはどちらも事務職に就いている。住む町も違い、互いに知らないが、二人とも同じ夢を抱いている。プロの音楽家になりたい、というものだ。ユリアンはコントラバス、ダヴィッドはギター。ただし、夢は同じでも、方向性は大きく違う。

「僕は有名な音楽家になりたくてたまらないんだ。売れっ子のジャズバンドに入って、演奏で生活できるようになりたい」とユリアンは言う。

ダヴィッドの場合はどうかというと……

「事務職なんて味気ないから辞めたい」

向かうタイプは、好きなものに惹かれる。

逃げるタイプは、好きでないものから遠ざかりたい。

人生についてどう考えているか？　と向かうタイプに訊けば、達成したい目標について語るだろう。

逃げるタイプは、絶対にしたくないものを列挙するだろう。

情報員は、いつも感覚を研ぎ澄ましている。感覚を研ぎ澄ましている人は、人間についての洞察力に至る小道で草が成長する音を聞き取る。

フローリアンとステラは、アパートの心地よいソファに座ってテレビを見ている。ステラは退屈している。今日もまた家に籠ってるなんてつまらない。どこかに出かけたい。そこで、フローリアンにそれを伝える。

「ねえ、家でくだらないテレビ番組ばっかり見てるの、飽きちゃったわ。もう三日も出かけてないじゃない。これ以上家にいたら腐っちゃうよ。映画でも見に行こう。何でもいいから出かけたい」

ステラは家から出たい。それが彼女の動機だ。ソファに座っているのはいや。家にじっとしているのはいや。彼女は逃げるタイプなのだ。

ところが、フローリアンは違う。逃げるタイプではないので、ステラにそう言われても一向に出かける気になれない。吸盤があれば、心地よいソファにもっとしっかりくっつきたいところだ。

ステラは、自分の考えを通そうと頑張る。ねぇ、家にばっかりいるの、よくないのよ。私たちの間にひびが入ることだってあるんだから。たまには新しい体験をしないと。テレビを長時間見ないようにするのがすっごく重要だっていう調査結果も読んだんだから。――そうステラに言われて、フローリアンはますますソファに身を沈める。クッションの間に隠れてしまいそうだ。

変だな、とフローリアンは考える。前の恋人とはこうではなかった。出かけようと言われれば喜んで出かけた。どうしてかわからない。ステラと自分は合わないのだろうか。

おそらくそうではあるまい。フローリアンの前の恋人と違って、ステラはまだ彼の扱い方がよくわかっていないのだ。フローリアンは、目標に注意を向けさせられるとその気になる。ある場所（ソファ）から離れよう、ではなく、どこか（映画館）に行こう、と言えばいい。そのことを前の恋人は熟知していた。

「ねぇ、巨大スクリーンでブルース・ウィリスの映画を見るってどう？　ドルビーサラウンドサウンドの臨場感。ポップコーンとナチョスをつまんでさ。映画の後はお洒落にバーでカクテル。雰囲気あるわよね。ダンゼン行きたくなっちゃった」

そう言われると、ソファに沈み込んだのが嘘のよう。すぐに立ち上がって先に玄関にまっしぐらだ。フローリアンに必要なのは目標やヴィジョン。行き先と状況がわかれば、魅力を感じる。行きたいな、と思う。

ステラは違う。上司に次のように言われたら、どうだろう。

「ステラ、どうだ、別の部署に移らないか？　君のような人材を探してるんだ。君にも合っていると思うよ。あそこなら君の持つ組織力をもっと発揮できるんじゃないかな」

これではステラは乗り気にならない。ステラにやる気を起こさせたければ、上司は別のニュアンスを使わなくてはならない。

「君はこの部署もう長いよな。もう知り尽くしただろう。どうだ、別の……」

今いる場所、今ある心の状態、今の状況から離れたい。

長く住んだアパートから出たい、イライラさせられる関係を終わらせたい、味気ない気分はもういや——逃げるタイプを動機づけるのは、こうした理由だ。それに対して、向かうタイプは目標に到達したい。新しい場所、別の気分や状態、新しい住まいや関係に向かう気持ちだ。

まさにここから誤解が生じる。なぜなら、相手を間違った方向に動機づけようとすれば、うまくいかないからだ。向かうタイプはある場所から離れたいのではなく、目標に向かいたい。逃げるタイプはどこかに行きたいのではなく、今の場所から去りたい。

大切なのはいずれの場合も同じで、今この瞬間に魅力を感じるのは何かということ。どうすれば最も相手の興味をそそるか。熱意を大きくかき立てるものは何か。動機づけの意味はここにある。情報員は、ここを賢く利用する。V人材と付き合うときだけではない。

動機づけは、感情操作とは違う。いや、ちょうど逆の行為と言ってもいい。感情操作は、相手にこちらの意図を押しつけようとすることで、相手に負担や犠牲を強いるのに対して、動機づけは相手にとってプラスになることであり、素晴らしい成果を得る可能性がとても高い。誤った言葉を選んで相手が抵抗することのないように、相手の性質にぴったりの資質を使うこと。そうすれば本人はさらに気をよくするだろう。だから情報員はこの二つの立場をしっかりと頭に入れておきたい。これらを見破るのはとても易しい。

どちらのタイプかを見分けるには、相手の話し方や強調する点に気をつければいい。また、ボディランゲージからもわかる。逃げるタイプは、やや身を引く感じの姿勢を取ることが多い。腕を組むなど、何かが訪れるのを待っているようにも見える。逃げるタイプは解決ではなく問題を前面に出すので、懐疑的な人によく見られる。一方、向かうタイプの方は、いくつもの解決策が頭を占めているために、問題が目に入らないこともある。

これまで見てきた他の分類法と同じく、純粋な向かうタイプと純粋な逃げるタイプばかりでなく、さまざまな混合タイプがある。これは、そのときの状況によって変わってくる。あなたが確実に区別できるようになるために、観察によって得た知識をここに挙げよう。相手をどちらの方向に動かしたらいいか、今後はすんなりとわかるようになるだろう。

よく耳を傾けよう。

向かうタイプは、達成したいものについて語る。可能にする、手に入れる、持っている、利用価値、利点、利益、成果、達成といった言葉を好んで使う。

逃げるタイプが話題にするのは、避けたい状況や関わりたくない問題が多く、阻止する、避ける、防止する、規定する、免れる、解放する、○○をもうしなくてすめば、もう問題はなさそうだ、といった表現をよく使う。

〈向かう〉VS〈逃げる〉

転職の理由は？　と訊かれて、ある人は次のように答える。職場の雰囲気が悪いし、上司が能無しだから、嫌になってね。

もう一人に同じ質問をすると……。

もっと能力を活かせて給料もよくなれば、満足度が高まるし、新たな課題に取り組めるから。

コマーシャルなどを注意して聞けば、両方のタイプに訴えかけるように作られていることがわかる。無一文にならないために、あなたの生活を保障する保険に――というのは、いわば不安からの逃避だし、休暇には○○へ、新作スーツを試そう、といった、魅力あるものに心を惹きつけようとするものもある。両方のタイプが考慮されている。

向かうタイプは楽観的で逃げるタイプは悲観的と一概に決めつけることはできないが、その傾向はある。というのも、逃げるタイプは向かうタイプよりも気に病む傾向にあり、心配していることが起こるのを避けようとするからだ。向かうタイプはどうかというと、達成できると信じて目標に向かって進む。

望みの薄い状況になったら、逃げる性質が強くなる。絶体絶命の苦境に立つと、人は誰しも逃げることしか頭になくなる。苦境からどうしても逃れたい一心のときは、本来は向かう性質の方が支配的な人でも、嫌な事態を回避することが思考の中心に来る。それでも人の本来の性質はいつしか表に出てくる。動物だって危険が迫れば逃走するが、だからといってそれほど遠くまで逃げる必要もない。


向かうタイプは目標達成に気持ちを集中させているために、危険がそばにあっても見ようとしない。欲しいものを獲得しようという意気込みがその人を鼓舞し、エネルギーを生む。そして情熱的に突き進むその様子は、傍目にはやや単純にも映る。というのも、障害となりそうなものに気づかない、いや考慮したくないように見えるからだ。

逃げるタイプはそれとは逆に、問題が地平線から顔を出すよりも早く、それに気づく。彼にやる気を与えるのがそれだ。この最悪の事態が起こるのをどうしたら避けられるか。このタイプの人たちは脅威を感じると心を動かされる。何としても避けたいので、行動を起こす。

向かうタイプにとって、脅威は意味を持たない。そこには向かうべき目標が見出せないからだ。

逃げるタイプは、生まれながらの危機管理マネージャーともいえる。向かうタイプは将来への洞察力を生来持ち合わせているので、研究開発の分野で歓迎される。ただし、何かを完璧に遂行するためには、目標に向かって邁進するタイプと、情熱的に危機を回避するタイプの両方を必要とする。

向かうタイプは目標に集中して、長時間にわたって取り組むことができるが、逃げるタイプは気が散りやすい。問題が次々と現れるので、あっちへこっちへと振り回されて、どれを優先するかその都度決めなければならない。

向かうタイプと逃げるタイプが一緒に生活することになった場合に、問題となる可能性もあるが、タイプの違いから生じる誤解を避けるのはそれほど難しいことではない。向かうタイプのパートナーに家事を手伝ってもらいたいときは、仕事が片付いたらどんなプラスがあるかを列挙するといい。全部済んだら、心からのんびりできるじゃない。そしたらイネスとトーマスと一緒に楽しいことを企画しようよ。それか、ちょっとお洒落な料理っていうのも、いいんじゃない？　家の中がすっかりきれいに片付いたら、急のお客様があっても恥ずかしくないでしょ。

最後のコメントは、逃げるタイプの女性の言葉だ。来るかもしれない客、つまり問題となりうるものをいち早く感じ取った。あとは次のように言えばその気になる。な、やってしまえば、もう困ることは一つもない。週末を自由に過ごせるじゃないか。床がべたべたすることもないし、陽が射し込んだとき窓ガラスの汚れが気になることもないし……。

周りの人たちが自分自身を動機づけるコメントを発したら、そのリズムに同調すること。乗りかかっているところへブレーキをかけない。

「私の報告はきっと部長クラスに感心される。目に見えるようだわ。書く内容はもうはっきり決めた。これは私にとって大成功となる」

アンドレアはそのときが来るのを楽しみにしている。

ペーターも彼女の成功を一緒に楽しみにしている。

「そうなるだろうね。そうしたら君のデスクはやっと元通りきれいになるな。散らかっていたメモ用紙もなくなるし、ストレスからも解放される」

それを聞いたアンドレアは、むっとして部屋を出て行った。どうしてなのかペーターにはわからない。優しい言葉をかけようと思っただけなのに、実際にはアンドレアの情熱に水をさしてしまった。アプローチが間違っていたのだ。彼女は向かうタイプ。問題から遠ざかるのではなく、目標に向かいたい。だから、彼女があまり気乗りのしないこと、言い合いになりかねないこと、たとえば買い物とかだったら、ペーターはうまく励ましてやるべきだ。その気になるように誘われれば、買い物が大嫌いなアンドレアだって喜んで行くのだから。

宿題が終わるまでプレイステーションはお預けだよ、と言っても、向かうタイプの子供には効き目がない。早く宿題を片づけてしまおう、そうすればゲームを楽しめるよ、と言えば子供はやる気を起こす。

逃げるタイプは、日々の雑用から離れたくてうずうずしている。一方、向かい側のデスクに座っている向かうタイプの心を占めているのは、次の休暇のこと。目的地に行きたい。だから、相手の性質に合わせて話しかければ、ぐっと苦労が省ける。動機づけは、エンジンを動かす燃料なのだ。ガソリンエンジン車にはハイオクガソリンを、ディーゼルエンジン車には軽油を、という言い方もある。間違うとエンジンはうまく作動しない。適切な燃料を使えば、最高のトルクで目標に到達できる。

人をうまく動機づけるためには、人間についての洞察力を必要とする。自分を基準にして相手を推し量る人は、前進することができない。これは行動派にありがちな弱みなのだが、相手が自分と同じように反応すると考えれば、物事はうまくいかない。行動派は困難な問題や変化によってやる気を喚起されるけれども、同じやり方で分析派や交際派を動機づけようとしてもうまくいかない。交際派は賛意や思いやりを必要とするので、行動派の流儀で話しかけられたら拒否するだろう。あるいは自分には荷が重過ぎると感じて断り、距離を置く。分析派も、困難な問題や変化に興味をそそられることはない。抑圧されれば、意固地に自説を主張しかねない。分析派を動機づけるには、そのテーマを理解できるようにしてあげればいい。熟知しているテーマであれば、分析派は最高のパフォーマンスを発揮する。

情報員適性テスト

あなたは、自分がどちらの方向に動機づけられればその気になるか、知っているだろうか。あなたは向かうタイプ？　それとも逃げるタイプ？　もしかすると両方かもしれない。だとすると、いつ、どちらのタイプになるだろうか。自分でもはっきりわからないなら、次の質問に答えてみよう。

職場を変えた理由は何か？　前の職場に我慢ならなかったから？　それとももっとやり甲斐のある仕事が見つかったから？

付き合っていた人と別れたのはなぜ？　相手に不満があったから？　それとも別の人と恋に落ちてしまったから？

休暇に旅行に行く主な理由は何？　日常生活の疲れを癒すため？　それとも特に何かやりたいことがあるから？

あなたは、家族や友人をどちらの方向に動機づけたらいいか、知っているだろうか？

家族や知人をこれまでと逆の方向に動機づけてみよう。もしかすると、驚くべき変化があるかもしれない。

友人知人に限らず、知らない人についても試してみよう。他の人たちがどんなふうに刺激されるか、注意して探り出そう。そして、その熱心な仕事ぶりを頼もしく見守ってあげよう。そのように熱意を持てるのは、自分の性分に合っていると感じ、行動することができるからなのだ。

Chapter 9

〈カップの案件〉の全国的な意味

火曜日
10/12
十五日目

翌朝出勤してエレベーターを降りたとき、これは何かあったなと感じた。昨夜ほとんど寝ていないはずのザビーネが顔を輝かせて僕に歩み寄ってくる。

「少しはゆっくり眠れたかい？」

と僕は訊いた。答えがノーであることはわかり切っている。サライ旅行社の裏庭に連絡通路があると知って、僕は昨夜は寝ずの番をしたが、これといって成果はなかった。そのために今日は九時という重役出勤だ。

「ちょっと来て」

ザビーネはにっこりと笑った。

ザビーネの部屋に入ると、まず壁に留められた二つの新しい顔写真が目についた。彼女は既にビュレントの案件に一線を画したのだ。それと、ベルリン、ストックホルム、ゲーテボルクの三都市が一夜にして彼女のターゲットに加わった。さらにもう一つ、彼女の部屋に加わった新しいものは、僕の顔に浮かんだクエスチョンマークだ。ザビーネはちょっと愉快そうに僕を見る。状況を楽しんでいるのだ。今回は彼女が僕を驚かす番。前の二回は僕の番だった。あのときは彼女よりずっと早く出勤した。ザビーネは無言でデスクを示す。写真が十枚ほど置いてあった。

「すごいな。これ、誰かな？」

そこへ課長が入ってきた。僕を待ち構えていたという感じで揉み手をしている。僕は信じられない思いだった。九時出勤なんて初めてなのに、どうやら新情報に大きく乗り遅れたらしい。

「レオ、実は私も五分ほど前に知ったんだがね」

課長は僕に目配せした。

「ザビーネが徹夜で頑張ってくれたんだよ。昨夜遅くにシュテファンから監視報告を受け取ったんでね」

テレジア・ミュールターラーの探偵行為のおかげで、僕らの視野が拡大された。役に立ったのは彼女が控えた車のナンバーだけではない。彼女は打ち明けるつもりはなかった——少なくとも現時点ではまだ黙っているつもりだったらしいのだが、彼女の性分をすでに十分に理解しているシュテファンが、何か隠しているなと感づいた。それで問い質したところ、すでに何日も前から単独で調査活動をしていたことがわかった。それも借りた望遠鏡を使っただけではなく、驚くほどに賢く立ち回っていたのだった。たとえば、家主の未亡人で足の不自由なシュタウダーのために、買い物を買って出た。そうして一日に何度もサライ旅行社の前を通っては隣の建物に戻ったが、近所に住む老女を怪しむ者はなかった。そのようにして、背広姿の男性が二つ先の通りに止めた車に乗るのを見届けた。茶とグレーのチェック柄のキャスター付きショッピングバッグを引いて歩くおばあちゃんに気を留める者は一人もなかった。

「そうそう、狂牛病の頭文字だったっけ。だからBSEだわね」

ミュールターラーは、連想を使ってナンバーを記憶した。三つの数字は、亡くなった夫の誕生日と合致していた。そればかりか、キャノンの古いアナログカメラ、スナッピイ50を使って写真も撮った。手ぶれしていたが、車と、運転席の男が写っていた。

ザビーネが車の所有者を調べたところ、連邦刑事局（BKA）の捜査メモが引っかかった。警察宛の監視手配だ。つまり、連邦刑事局が関与しているということになる。自動車か、あるいは所有者ないし利用者だ。背景を説明してくれる情報はないが、いずれにせよ国家に関わる大事に違いあるまい。刑事局とサライ旅行社が通じているのだろうか。

「誰が連邦刑事局に連絡を取るかね？」

と課長が訊いた。視線が僕の方に向けられている。

「ええと、わかりました」

僕が答えると、ザビーネが頷く。

「助かるわ。十分前にファックスを送っておいたから。電話をかけてもらえるのなら、コーヒーでも飲もうかな」

「もう何リットルも飲んでるんじゃないか」

と僕は訊いたが、ザビーネはそれに対してノーコメントだった。


僕もコーヒーを一杯注いでから、連邦刑事局の番号を押した。

「ベルリンのエルドガン・イルマツの車が警察の監視対象になっていますね。実はミュンヘンで目撃されたのですが」

車を確認したばかりでなく、運転手の写真も手元にあることは、ここではまだ言わない。まずは事情を知りたい。相手が激しく言葉に詰まるところをみると、相当な事情があるのだろう。だが、その答えは埒の明かないものだった。

「エルドガン・イルマツについて、あらゆる情報を必要としています。というのも、目下解明中の事件において、相当な大物であるらしいと考えられているからです。残念ながら詳しい事情は申し上げられません。非公開情報ですので」

戦略上の理由から捜査を極秘にするのは諜報機関だけではない。その最大の理由は悪意によるリークや妨害工作ではない。不注意による情報漏洩や伝達ミスなどによって捜査の成功が脅かされるのを防ぐためだ。犯罪組織は、予想もできない場所に耳を持っている。

「密出入国斡旋または人身売買の件ですか？」

僕はストレートに訊いた。

返事がない。しばらくしてから相手はくぐもった声で「どうしてそのように？」と訊いた。

今度は僕が口をつぐむ番だった。しばらくしてから連邦刑事局の役人は僕に、関連の捜査結果すべてを含む簡潔な報告をできるだけ早く送ってほしいと頼み、通話を終えた。僕が相手から得た情報はほとんどないし、それは相手も同じだった。僕らの世界で最初に連絡を取るときはいつもこんな感じだ。

十五分後に僕とザビーネは課長の部屋に呼び出された。

「たったいま連邦刑事局から連絡があった。役人を二人、こちらによこすそうだ。昼ごろに着く」

「ということは、僕が考えていたよりも、刑事局にとって深刻な事態なんですね」

よほどの事態でもなければ、これほど性急に動き出すはずはない。よいニュースだった。

　課長は心配そうに首を振る。

「よりによって今日とはな。あいにく部長は外出中なんだよ。刑事局から人が来るなら是が非でも会いたいだろうに」

「内務省の会議なんですか?」

　とザビーネが訊くと、課長は頷いた。

「そうだ。ホームのためにうまくレールを敷こうと苦労してるんだよ、部長も」

「それと、B3号俸のためね」

　ザビーネが後から言い添えた。ザビーネの顔色が悪い。幽霊のように青白いということに、本人も気づいているようだ。

「こんな顔、刑事局の人たちに見せられない。ちょっと消えるわね」

「それがいい」

　情報局所有のキャンピングカーのうち一台が地下駐車場にあって、監視に使われていないときはそこで仮眠を取ることもある。「ちょっと消える」というのは、これから仮眠を取るということだ。

「間に合うように呼びに行くよ」

　と僕が言うと、ザビーネは何か言いかけたが、僕の方が早かった。

「わかってるって。コーヒー、持って行くよ。ブラックで砂糖なし。君のカフェイン残量警告灯が点滅したら困るからね」

ちょうどそこへ僕の携帯電話が鳴り出したので、ザビーネと別れた。電話の主はティホフだった。

「伝えることがあるんだけど、いつがいい？　こっちは今すぐか夜か、どっちかだ」

「じゃあ夜」

「本気か？　夜まで待つって」

「待てないようなことなのか？」と僕は訊いた。

「自分で決めろよ」

「じらさないで言ってくれ」

「夜まで時間はたっぷりあるさ」

連邦刑事局の役人

「あと十分で刑事局の連中が来る。アリアンツ・アレーナをたったいま通過した」

課長が言うのを聞いて、僕はコーヒーを持って地下駐車場に向かった。ザビーネは三時間前よりずっと顔色がよくなっていた。刑事局の連中もずいぶん飛ばして来たものだ。

エルドガン・イルマツの件がよっぽど緊急事態ということだろう。緊急度があと一つ上なら、ヘリコプターで急使を送ってくるのではないだろうか。とんでもない蜂の巣を突いてしまったようだ。

「これは、通常の手続きにすぎません」

連邦刑事局の役人は、その役職にふさわしく背広を着てきっちりネクタイを締めていた。僕とザビーネが二人を出迎えて、一階の会議室に案内した。建物のこの部分ならば、警備以外の情報局員に会うことはない。会合に参加する者しかここには来ないからだ。部外者を廊下やオフィスに招じ入れることはない。ピザの出前が来ても、正面玄関で受け取りと支払いを済ませる。会議室のテーブルには、コーヒーカップとディスカウント店のクッキーが置かれている。

「何があったのか、実に気になりますね」

と課長がまず口を開く。

「通常の手続きにすぎません」

刑事局員の一人が、さっき僕とザビーネに言ったことを繰り返した。

「通常の手続きであれば、ファックスで済んだはずです」

課長は目配せをしてそう答えた。彼は老練な情報員だ。覆面捜査員として長年活躍し、荒波に揉まれてきた。尋問にかけてはベテラン中のベテランだ。相手が犯罪者だろうと犯罪捜査に携わる者だろうとにかかわらず。

「ファックスだって、これまでこんなに早く届いたことはないですよ」

課長は言い足す。

「時間帯がよかったんです。道路も比較的すいていますし」

刑事局員の一人が答える。ウィースバーデンからミュンヘンまでの距離を三時間半強で走破したのが誇らしい様子だ。

二人がそれぞれの部署名を告げるのを聞いて、問題のだいたいの方向性がつかめた。刑事局員の部署はSO、つまり重犯罪および組織犯罪部である。一人はSO十三課、つまり人身売買課、もう一人はSO十四課、違法人身移送課だという。

二人の自己紹介を受けて課長が言った。

「当局が現在捜査しているのも、方向的には同じですね。いまのところどぶ水をさらっている状態ですが、犯罪を示唆する情報が刻々と集まっています。ただし、まだ決め手がないのです」

二人の刑事局員はちらりと目と目を見交わした。

「当局のターゲットはミュンヘンで旅行会社を営んでいます。ここを通して大がかりな密出入国斡旋が行われているという情報が入っています。これは間違いないと思われる示唆がいくつもあったので、連邦警察局の協力で二度ほど手入れを行いましたが、二度とも失敗に終わりました。状況をどのように整理すべきか、まだ把握できていません。そちらが捜査中のエルドガン・イルマツがこちらの視野に入ったのは、これが初めてですが」

ここでまたしても二人の刑事局員は目と目を見交わした。

イルマツと彼の車を捉えたミュールターラーの写真を、ザビーネがテーブルに置く。二人はそちらに身をかがめて覗き込んだ。

「イルマツです」

課長は何も言わず、表情を殺した目を写真の方に向ける。それは、黙っていろという僕たちへの明白な合図だった。

長い沈黙を破ったのは若い方の刑事局員だ。これで、二対〇で課長のリードとなった。

「刑事局では、国際的規模で展開している人身売買のグループについて十四カ月前から捜査しています。エルドガン・イルマツがここで重要な役割を果たしています。『血なまぐさい戦士《ボラン》』というイスタンブールの密出入国斡旋組織の黒幕がいて、みんなから恐れられている男ですが、その右腕として動いているんです。彼の役目は危機管理担当で、火の出た場所に決まって現れる。それから事態を収拾したらまた消える。この黒幕がボランという異名を取ったのも、イルマツのおかげです。組織はきわめて巧妙な仕組みの濃密なネットワークを形成して、合法ビジネスと違法ビジネスを結びつけて営み、旅行会社、バス会社、運送業、物流業、輸出入業などがそこに含まれます。そして上層部の人間がみな、文化活動や社会活動に熱心に参加しているのが目につきます。それも意外なことに、メディアにアピールするような看板企画ではなく、草の根的なものなんです。覆面捜査員および諜報員による捜査は、強い抵抗に遭いました。組織は、構成員を絶えず試すためと捜査機関をごまかすために、偽の情報を故意にばら撒いていることを我々は突き止めました。ミュンヘンはおそらく彼らの活動の要地ではないと我々は評価しています。いや、そもそも活動地域に含まれているのかどうか。刑事局が調査した限り、ここは地図上の空白の場所です。もちろんこの件に関してですが。検挙も何も起こらなかった。それなのに、この男がここに？」

「そいつは面白い」

課長が感想を漏らす。

「そちらでエルドガン・イルマツを突き止めたのは、どのような関連ですか」

「我々のターゲットである人物の元に姿を現したからです。ほんの数分だけで、その後すぐに消えましたが」

「そこで何をしたんですか？」

「刑事局の判断が正しいとすれば、事態を収拾したか、危機を克服したか、でしょうか。我々にもわからないんですよ。土曜日の午後一時ごろ、我々のターゲットの人物のオフィスに現れたと思われます。隣の建物の裏庭を通って出て行き、ご存じの車に乗って去った。観察されたのは一度きりです」

「我々はあらゆる情報を必要としています。どんな小さなことでも、ヒントになるかもしれない。監視して写真まで撮ったのに、なぜその後泳がせてしまったんです？」

ここで僕が課長に代わって答える。

「この写真と情報を我々が得たのは昨夜だったんです」

二人の刑事局員がまた目と目を見交わす。

「写真を撮ったのは誰です？　できれば話を聞きたい」

今度は僕とザビーネが目を見交わす番だ。

「どんな些細な情報も、我々には意味があります」

相手が食い下がる。

僕は唾を呑んだ。課長とザビーネも答えない。

「どんな些細な情報でも重要なんです。情報は少しでも多い方がいい。そちらにはあまり意味がないと思われるものでも知りたいんです」

相手はもう一度繰り返す。

「情報は潜入捜査員から得たものです」

静かな声でそう答えたとき、ズッキーニとジャガイモの柄のエプロンをして、望遠鏡を首から垂らしたテレジア・ミュールターラーの姿が目に浮かんだ。

「名前も正体も隠していますから、お教えするわけにいかないことは、わかっていただけると思います」

「その人物と電話で話すことは可能なのではありませんか」

刑事局員が訊いた。

「直接連絡を取ることは不可能です」

課長がきっぱりと断り、僕はそれに続けて提案した。

「細かい点については、僕がお答えします。気の済むまで質問してください。だが、その前に共同で状況判断を行った方がよさそうだ」

二時間後、今後入手した情報をすべて提供することに双方が合意して、会合は終わった。

課長は僕とザビーネに、部長とのテレビ会議に参加するよう求めた。刑事局員との会合のことを、部長にはすでに課長から伝えてあった。他の役所との予定外の接触について、部長に事前報告する義務がある。

部長は興奮のあまり額に汗を浮かべている。声のトーンを少し上げて、自分の手柄話を僕らに伝えた。

「最初からわかっていたよ。今度の相手は大物だ。この手柄をかっさらわれないように注意しろ。この案件は最初からうちの担当なんだ。現場だってうちの縄張りにあるんだし、情報はうちで集める。内務大臣にも伝えてある。間もなくそれなりの情報が入るからと暗に言っておいた。今後もその調子でやってくれ。集中だ、集中」

「では、必要な時間を与えていただけるんですね？」

ザビーネはこらえ切れずにそう訊いた。

「当然だ。これほどの案件では問題にならない。もしも超過費用が必要なら……」

「すぐにご相談します」

僕は短くそれだけ言った。

ザビーネはこれで帰宅する予定だったが、さらに二時間、既存の書類を引っ張り出して調べものをしていた。それは、役に立つ洞察がほとんどないために間もなく断裁に回されることになっている書類で、データレコードの方はすでに消去されているものだった。ザビーネの気にかかっていたのは、連邦刑事局がターゲットとする組織の上層部がみな、文化的および社会的に貢献しているという事実だった。ミュンヘンでも、犯罪者は文化活動に参加していることがわかった。

そこでサライ旅行社の関係者をこの観点からもう一度ふるいにかけると、ビュレントの又従兄が、その地域では幅広く活動している文化協会の会長をしていることが判明した。しかもその男は別の観点から見て相当な大物だった。密出入国斡旋ではなく、売春周旋業の頭である。十分な証拠がまだつかめないでいるのだが、この男が密出入国斡旋料の弁済という理由で多数の若い女性に売春を強いていることを、ミュンヘン警察本部は確信している。警察本部は地下室に閉じ込められていた女性二人を発見して解放し、この男を未決勾留で取り調べたが、けっきょく釈放した。売春をさせられていた女性三人が、警察に対して行った証言は間違っていたと法廷で主張したからだ。警察に強要されて嘘の証言をしたと言うのだ。

「それでも一人だけ、男の罪を主張した女性がいてね、行方不明になった少女のお母さんなんだけど。その女性は奇妙な方法で自殺したそうよ」

ザビーネが僕に語った。

「かわいそうに、溺死したんですって」

ここでザビーネは片方の眉毛を吊り上げた。それは、不可解な話が続くしるしだった。

僕は問いかけるようにザビーネを見る。

「足枷をしたまま水に潜ったの」

そのとき部屋に入って来た課長が首を横に振った。ザビーネからこうしたぞっとするような表現を聞くのが嫌なのだ。だがザビーネの方は、時々それが必要なのだった。

ザビーネの話はそれだけではなかった。

「さらに同じ文化協会の前会長は、四年前に特殊な密出入国斡旋にかかわっていたようなの。コンテナ船による移送だけど」

その事件のことは僕も憶えていた。

「大型トラックの荷台に貨物船用コンテナが載せられていて、中に六十人のアジア人が発見された件だね。プレイステーションや薄型テレビや電気炊飯器なんかと一緒にコンテナに入れられて、何週間も日光に当たることなく閉じ込められていた。脱水症状を起こしている人も多くて、悲惨な健康状態だった。警察は匿名の連絡を受けてスチール製のコンテナを開け、密航した人々を外に出したんだけど、死体が二つ見つかったんだったね」

課長もこの事件を記憶していた。メディアに大きく取り上げられたために、素早い措置が必要だった。こうした状況では、しばらく様子を見て、背後で糸を引く大物を突き止めるために潜入捜査を続ける、という選択肢は除外される。法治国家においては、捜査の成果と人間の尊厳を秤にかけるしかない。だから、船舶輸送をストップし、密航者を介抱すると決定するのが唯一の方法だった。

今回の案件では黒幕に到達するつもりだ。血なまぐさいボランと、その代官ともいえるエルドガン・イルマツを押さえられるかもしれない。ザビーネの目を見ると、彼女の考えも僕と同じであることがわかった。必ず黒幕に到達するいう確信が彼女の意欲を高める。だから調査を続行し、それによって思考がますます活発になるように見える。

状況は一変した。サライ旅行社のドアには色褪せた文字でこう書かれている。

「私たちが目的地にご案内します」

自信たっぷりの宣伝文句――これが間もなく本当になるのだ。

犯罪文化

ティホフがいったいどんな重大ニュースを持っているのかが気になった。これまで何度か待ち合わせたことのある〈子供の冒険遊び場〉の近くで待っていると、ティホフが輝くような笑顔で近づいてきた。なるほど、僕に報せたいのは仕事のことだけではなさそうだ。

「昨日の夜はおまえを呪いまくったぜ。地獄へ行っちまえって百回も千回も言ってやった。寄り道するな……フルスピードで地獄まで行けってな」

ティホフは滔々とまくしたてる。これと同じ呪いの言葉を、僕はもう何度も聞いていた。

「女とうまいことといって、ベッドインしたってのに、コンドームがねえ。ちっくしょう」

「自分がドジを踏んだのに、僕を地獄へ送り込むのか？」

僕には訳がわからなかった。

ティホフは人差し指を突き出して僕を指す。

「地獄へ行っちまえ。最後の一個をおまえにやっちまったおかげなんだぜ」

そうだった。前回の別れ際を思い出して僕はにんまりとした。

「で、それを僕に言うために電話で呼び出したのか？　返そうか？」

「いや、おまえが持ってろ。どのみちもう遅い。昨日の晩はカジノに行って、ソフィアの仕事が終わってから車で家まで送った。一時十五分か一時半ころだ。一緒にDVDを見る？　って訊くから、そりゃいいなって答えた。女がウォッカをグラスに入れて、なんだかんだでやっといい具合になったところで、あたしピル飲んでないからって女が言った。そう言われりゃ、こっちだってわかるさ。だが、彼女んとこにも一個もない。で、ランツベルガー通りのガソリンスタンドで買ってくるって言ってさ、戻ったらなんと、眠ってるじゃないか。サイコーだろ？　これまで三週間かけてアプローチしたんだぜ。あともうちょっとってときになって、ころりと眠られちまったら、どうにもならん。そこまでだ。それもこれも、おまえのせいだぞ」

僕は、革ジャケットの胸ポケットに入れたままになっていたコンドームを、黙ってティホフに差し出した。

「そんなことは二度と起こらないよ」

僕が無関心さを強調した口調で言うと、ティホフは芝居っぽくむくれて僕の手からコンドームをさっと取った。

「それで、どうなったの？」と僕は訊いた。

「おい、女の寝顔を眺めるために出かけたわけじゃないんだぜ」

「じゃあ僕に何を言いたいんだ？」

僕は、ティホフが要件に入るよう一押ししてやる。

「今朝、携帯にメールが来たんだよ。昨夜は楽しかったってさ。よく言ったもんだよ、楽しかったとは」

ティホフは頭に手を当てた。

「どうかしてるぜ、あいつ。コーヒーに来ないかってさ。いや待てよ、あれからよく眠ったから、いまやろうって気になったのかって思ってさ。朝っていうのも悪くない」

ティホフは声をたてて笑った。

「いつだって悪くないけどな」

「それで、どうなった？」

僕は先を促す。僕にとって大事なことはまだ何も聞いていない。それでも話は緊迫しつつある。もう少しで……ん？　僕はティホフから何を聞こうとしているんだっけ？

「とにかく行ってみることにした。とりあえず十個入りのパック持って。コーヒーの用意がしてあった。まあいい、まずはコーヒーを飲むかって思ったら、チャイムが鳴った。ここにいるよって俺が言ったら、寝室に連れて行かれた。『大事なことなの。仕事だから』って言うんだ。それで待ってたら、訪ねて来た男とえらい喧嘩になってさ」

ティホフは両手を上に挙げた。

「なぁ、レオ、他の奴らがどんな仕事をしたって俺の知ったことじゃないけどよ、あんなふうに怒鳴られたんじゃな」

ティホフは肩をすくめた。

「そうだな。ぜんぜん関わりたくない問題に巻き込まれてしまうこともある」

僕はティホフに同調して軽く首を振った。

「それで、問題は何だったんだ？」

「写真」

僕は強いて冷静さを保った。まさか、激安ヌードモデルなのだろうか。

「パスポートの写真だよ」

さっきより具体的な表現。ティホフは僕の反応を楽しんでいるようだ。

「男がソフィアに文句言ったんだよ。この前見つけた奴らはよくなかったって。今度は男三人と女一人を探し出すよう指示して、封筒をテーブルに置いた。それで後から、わかるか、レオ、ずっと時間が経ってから……」

ティホフは意味深な間を置く。

「わかってるよ」

僕は、話を手っ取り早く先に進めたい。

「だからさ、ずいぶん時間が経ってからだけど」ティホフはにやりと笑った。「ソフィアがバスルームに行ったとき、封筒の中を見た。自分の目を疑ったぜ」

と言ってジャケットのポケットから携帯電話を出した。

「ほら、見ろよ。ソフィアってほんと、エンジェルだよな」

ティホフが見せたいものが何かは想像がついた。ちらりと画面に目をやると、口を軽く開けて眠っている女性の写真だ。金髪だが、おそらく染めているのだろう。

「それはいいよ」

「これは昨夜のだ。ちょっと待て……これだ」

ティホフはボタンを何度か押した。僕はやや反射的に携帯の画面に視線を向け、はっと目を見張った。ティホフがにんまりと笑った。

「何だ、これは？」と僕は訊いた。

「パスポート。全部で四つ。男三人に女一人分。クルド人、イラク人、トルコ人二人。既婚」

「封筒にパスポートが四冊入っていたのか？」

僕が念を押すと、ティホフは頷いた。

「すべてドイツの滞在許可つきだ。ソフィアは長いことバスルームから出てこなかった。すっかりメイクを落としたから、また最初っからやり直し。あまり長いんで退屈して、ちょっと家ん中見てみた。いいか、嗅ぎ回ったんじゃないぞ」

ティホフは両手を胸に当てて、「俺はそんなこと絶対にしないからな」と断言した。

「わかっている。君は絶対にしない」

僕は同意した。

「水を飲もうと思ってな、キッチンの戸棚を開けた。そしたらそこに書類があった」

ティホフは携帯電話のボタンを数回押してから、僕の目の前に差し出した。あまり近過ぎて見えないので、顔から適度に離して写真を見た。

「これは何の書類？」

「キッチンの戸棚に入ってたやつだ。他のパスポートもそこにあった。あと六冊。やはり滞在許可付。書類はトルコ文化協会の申請書だ。何人かの顔写真。知らない奴ばかり。で、あちこちで聞いてみたんだけど、トルコ文化協会は移民をサポートしてるってことだ。役所への出頭、市民権獲得の手続き、企業登録、労働許可、婚姻届、児童手当申請とか、まだいろいろあるけど、そういうのを手助けしているらしい。いいことだよ。なぁ、レオ、うちの親にもこういう助けがあったらなぁって思ったよ。

助けが必要だったら入会すればいいだけだから、簡単だ。用紙にちょっと記入するだけ。そしたら協会にパスポートを渡して代理権を与える。あとはみんなやってもらえる」

「パスポートを協会に渡すのか？」

僕はちょっと驚いて訊き返した。

「ああ。だけど数日後には返ってくる。もうちょっと長くかかることもあるらしいけど、必ず返される。ビュレントはここの会員で、奴のために五人が動いているらしい」

「動いている？」

「会員を探すんだよ。なぁ、レオ、みんながみんな、おいそれと会員になれるってわけじゃあない。だって写真と似た顔の奴がいいもんな」

ティホフは僕に意味ありげに目配せした。

これで、パズルの最後の一片が、あるべき位置に納まった。これが彼らの手口だったのだ！　驚くほど単純で、天才的な発想。本物のパスポートを使っていたとは。完璧な偽造技術ではなかった。本物だったのだ。写真なら何となく似ていれば通る。こんな簡単なことに僕らは気づかなかった。あまりにも単純で、情報局には思いもよらなかったというわけだ。

まず、不法に入国したいと希望する人々の写真がドイツに送られる。そして、有効なパスポートを持った人の中から顔がまずまず似ている人を探す。文化および社会的援助という隠れ蓑を使って。パスポートは郵便を使うか、または運び屋に依頼してイスタンブールに届ける。こうして不法入国者は、すべての国境を問題なく通過する。本物のパスポートなのだから当然だ。ドイツに着いたら、書類をすべて返す。それでお終い。


証明書等を家族や近い親戚、または親しい友人が交換して使うのは、古典的なごまかしの手口だ。互いに顔を知っていて信頼関係で結ばれた人たちの間で行われていたこと。家族や友人のために、いけないとはわかっているけれどこれくらいならバレなければ大丈夫と犯してしまう、小さな罪。たとえば、十六歳のミヒャエラが夜遅くに村のディスコで遊べるようにと、十九歳の姉サンドラが身分証明書を借す、といったようなことだ。

だが、ここでこの方法を巧みに応用しているのは明らかにプロの犯罪組織だ。彼らはネットワークを作り、おそらく何も知らない人たちの証明書類を、違法な目的のために悪用している。それもかなりの規模で成功している、実に巧妙な抜け道。パスポートが本物では、いくら厳しく検査したところでボロは出ない。犯罪組織は、保証つきの密出入国斡旋を高額で提供し、後で清算するというわけだ。本物のパスポートだから失敗はない。

一刻も早くザビーネと課長にこのことを話したかった。連邦警察局に次のバスを検問させ、今度はパスポートの写真と持ち主の顔を比較するだけではなく、身辺状況に的を絞って質問をする。その上で本当のパスポートの持ち主かどうか見極める……。


きょうだいはいるか？

両親の名前は？

どこに住んでいる？

家の外観は？

隣人の名前は？

ドイツにはいつから住んでいるか？

自宅の電話番号は？

こうすれば、偽の持ち主はすぐにバレる。なぜなら彼らは、自分に与えられた作り話を何週間も前から準備してきた情報員ではないのだから。連邦刑事局の連中は目を丸くするに違いない。ミュンヘンは地図上の空白の場所だと言っていたっけ。真っ黒い汚点と言った方がよさそうだ。これは通常の手続きにすぎません……か。今後はそうなるさ。

ティホフが僕の腕に手をかけた。考えていることがわかってしまったのだろうか。

「ソフィアは何も知らない。文化協会のことはあいつにとって副業みたいなもんだから。言われたことをしてるだけだ。何も訊くなよ。ソフィアは……」

ティホフは舌を鳴らした。

「実にいい女だがな、おつむは空っぽだ」

「そうは思わないな」

僕はティホフに反論した。

「おいおい、おまえ試してみるつもりかよ」

「相手にパスポートを預ける気にさせるなんて、頭がよくなければできないよ」

「おつむは空っぽだよ」

ティホフは同じ言葉を繰り返す。

「人の気持ちを理解しないとできないことだ」

僕は顔を歪めて苦悶の表情を作る。

「彼女に心を読まれなかったという自信があるか？」

一瞬、ティホフは自信を失った。僕も、相手が眠っているわけではないと思い出すたびに、自信がなくなる。相手もこちらと同じやり方で人の心を読んでいるのだと思い出すたびに。

相手はもしかすると何年も待ってやっとドイツのパスポートを手に入れたかもしれない。その人から、たとえ短期間とはいってもそのパスポートを手放させるためには、人間についてのしっかりとした洞察力がなくてはならない。それは、戦略的なコミュニケーションという分野にも及ぶし、揺るぎない信頼関係が根底になくてはどうにもならない。そして信頼というものは、人間についての細やかでしかも広範な洞察力を基に、賢く築く以外にない。自分の感じ方や行動の仕方がわかれば、他の人の感じ方や行動の仕方もわかる。つまり、自分とは違っているということだ。

人間一人ひとり、みな違う。文化協会が会員を募るにしても、行動派とルーティン型ではアプローチの仕方を変えなければならない。広角レンズタイプが査定するときは、ルーペタイプとは別の覗き窓が必要だ。交際派が心地よく感じる会話の雰囲気は、分析派のそれとは違う。文化協会を支援する気にさせるためでも、向かうタイプと逃げるタイプでは別のアプローチが必要だ。こうした違いを考慮しなければ、文化協会のメンバーを獲得することはできないし、好意を勝ち得ることもできない。基本的には、上手か下手かの差はあれ、誰もが同じ策略を使っている。ただし、僕らは情報員なので、相手よりいつも一歩先を行かなければならない。そうすれば、相手に透視される前にこちらが相手を透視できる。

情報員マニュアルより

一目で分析

情報員は基本的にのんびりと行動している余裕はないが、とりわけ危険な状況にあっては一瞬のうちに決定しなければならない。それでなくても、常日頃から素早い対応を求められることが多い。コミュニケーションにおけるたった一つのちっぽけなミスのおかげで、チャンスが永遠に失われることだってある。そのためにも、人の心を素早く的確に見定める能力が重要になる。それは自分サイドだけでなく、相手にとってもいえる。相手だって目を閉じているわけではないことは僕が保証しよう。そういうわけだから、ミッションをぜひ続けてほしい。

判断するために、相手をよく知らなければならない、ということはない。よく知っていると、かえって妨げになることもある。何らかの間違った印象にとらわれてしまうこともあるからだ。これは、情報員マニュアルから得た知識によってあなた自身で確認できる。パーティまたはビジネスディナーの会場でかもしれないし、学校の文化祭を訪れて、コーラスに出演する子供を激励するときかもしれない。人が集まる場所には、さまざまなタイプの人が集まるものだ。べつに話をする必要もない。その人の振る舞い、居場所、動作、人との接し方などによって、情報員はそのタイプを見抜いてしまう。相手が旗を振って知らせてくれるようなものなのだ。そこには僕らが興味を持ち、また必要とする重要な情報がすべてプリントされているので、ミッションのために不可欠であれば、そこから役に立つものをすくい取ればいい。

隅っこに誰かがたった一人で立っている。皿を抱えるようにして持ち、カナッペとカニのサラダをじっと見ているけれど、周囲の人たちのことはまったく気に留めていない様子だ。呼び出されて来たものの、すっぽかされてしまった人を思わせるものがある。誰かに話しかけられるまで、ずっと隅っこに立っているのだろう。話しかけられるのは好きだけど、この人は分析派なので自分から話しかけることはない。だから、あなたが声をかけてあげれば、喜ぶはず。なるほど、あなたも分析派？　だったら少し活を入れることだ。もっともあなたは情報員だから、それは何てことない通常業務のはず。そして、パーティを楽しみに来たようにはぜんぜん見えないその客が、にこりともせず生真面目そのものの顔を見せても、怯まないこと。ことに個人的に受け止めないようにする。それが分析派なのだから。

隅っこに立つ控えめな人が自分の皿ばかり見つめていて、話しかける糸口がぜんぜん見つからない場合は、代替案で行こう。つなぎとなってくれる人を探す。交際派の人に、隅っこでぽつんとしている人がいるね、と注意を促すだけで事は足りる。

交際派は、あなたの話を聞くやいなや、もうその人の方に向かっている。知らない人に話しかけるのは、交際派にとってはお手のもの。周りの人を会話に引き入れて、人と人のつながりを作り、今度は次のグループへと造作なく移ってゆく。深い内容でなくていい。心地よく、楽しく過ごしたい。交際派と一緒にいると、みんなの気が和む。

情報員は、一瞥しただけでその場の様子をスキャンする。それから感じ取ったものを煮詰めて、その人と付き合うのにふさわしい戦略を展開する。V人材としてスカウトしたい相手が分析派だったら、どのようにアプローチすればいい？　いや、それよりも、あなたの憧れの人が少し奥の柱を背にして立っているとしたら、どうだろう。どのような手を使うか、考えてみよう。これは感情操作だろうか？　そんなことはない。高度な感情移入能力と聡明な行動とを合わせたものだ。

アプローチしたい相手が行動派ならば、不安を抱くことはない。たとえ相手が自分の英雄的な行為を、豪快なジェスチャーを交えて声高らかに、効果抜群に語ったとしても。行動派は賛嘆してもらうのが大好きだから、感心しながら耳を傾けている限り相手の気に障ることはない。情報員は細部までよく耳を傾けて、相手についての情報をもっと集める。それは、後になってミッションの中で使えるかもしれない。それがどのようなものであるとしても。

分析派、交際派、行動派の三つのタイプのうち、どのタイプをどのような任務に当たらせたらいいだろうか。たとえ一言も言葉を交わさなくても、相手を徹底的に観察すれば、的確に評価することができる。情報員は、どこにいても絶え間なく観察している。自分で意識していないことさえある。情報員は無意識の能力の段階に達しているからだ。

人が最も本性を表に出すのは、精神的ストレスがあって、感情や動機を隠す気持ちのゆとりがないときだ。確かに分析派の場合、ストレスがあってもほとんど表に出ないこともある。行動派はそれとは違って、気が高ぶっているときや怒っているとき、見るからに興奮して声が大きくなり、呪いの言葉を口にしたりする。血圧上昇が顔に表れることもあれば、こぶしでテーブルを叩くこともある。一方、分析派は表情を変えない。まるで固まってしまったようで、感情がないようにも見える。だが、そう考えるのは誤りで、分析派は感情を外に出さないだけなのだ。経験を積んだ情報員は、そこからも情報を読み取る。表面的に見て、この分析派は冷静そのものであるという誤った判断を下すことはない。分析派は、衝動性の強い行動派とまるっきり違う印象を与えるだけであり、その人物を徹底的に観察してきた人の目はそれを見抜く。

精神的ストレスによって、特徴的な性質は強まる。交際派はいつも感情や気分を率直に表しているけれども、それでも同じ傾向がある。交際派は、困難な状況にあるとき、人に打ち明けて気持ちをわかってもらうと楽になる。

分析派は人間性に欠け、行動派は感情をコントロールできず、交際派は子供っぽいところがある、というような誤った判断を情報員が下すことはない。情報員は行動の裏側にあるものを読み、どのタイプの人かを見分けて相手を判断する。そしてもちろん自分の性質を把握しており、自分を基準に他の人を推し量るのは危険だということも承知している。情報員としての経験が長ければ長いほど、寛容でいるのが楽になる。

人はみな少しずつ違っている。このことをいつも配慮すれば、人生は易しくなる。考慮するだけでなく、自分の中で深めて実践すれば、人生は美しくなる。自分にとっても、他の人たちみんなにとっても。

人はみな少しずつ違っているので、人間についての洞察力も人によって違う。相手はこういう性質がありこのタイプに属する、といったことを、最終的には各人が自分のために評価して整理する。情報員は心を完全にオープンにして人々と接し、思考の地平を広げ続ける。そうすれば将来のミッションで、より高度な機密を扱うだろう。

情報員認定証

ここまで達したということは、もうかなりの道のりを歩んできたことになる。だが、道はこの先まだ長い。ミッションからミッションへ、というのが情報員の日常なのだ。そして、ミッションが変わるたびに新しいメガネをかけて、相手が見ているのに近い方法で世界を見るよう心がける。

情報員は、自分の目で見るものによって他人を判断することはない。メガネの数は揃っているので、それによって他人がどのようなフィルターで世界を知覚しているかを確認し、それに従って行動することができるはず。新しいメガネを使うたびに、人間についての洞察力における新しい側面を学び取る。

あなたの冷静な心を少しぐらつかせるような出会いがあれば、それを歓迎しよう。それによってあなたの能力がテストできる。最もよいのは、自分とはまったく違うタイプの人の場合で、どうしてそのような行動を取るのか最初は見当もつかず、心を読むこともできない相手だ。似通ったタイプの人に対してなら、何の苦労もなく寛容になれる。

他の人たちの、その人らしいありのままの態度を見ても、ぜんぜん気に障らないようになっただろうか。人を低く評価することはなくなっただろうか。いや、もしかするともう一歩進んで、彼らの思考の世界を理解できる段階まで達しているのかもしれない。さらに、他の人たちの気持ちを汲み取り、彼らと同等レベルで話し、彼らがやろうとしていることを激励してあげているかもしれない。だとしたら、あなたは正しい道を歩んでいる。なぜなら、あなたは相手と同じメガネで世界を見ていることになるからだ。他の人たちが必要とするものを与えてあげよう。そうすれば、彼らはあなたが望むことをしてくれるだろう。

これがいつでも思い通りにできるようになったら、情報員の最大の秘訣がしっかりと身についたことになる。おめでとう。これであなたは立派なV人材の一員だ。ただし、そのことを誰にも明かしてはいけない。どこで学んだかも言わないこと。情報源を守るために。

あなたは、僕と一緒にいたこともないし、この本を読んだこともない……。

Chapter 10

クイズの解答

日曜日の朝、僕は大きな花束を抱えミュールタ－ラーのアパートの呼鈴を押した。が、あいにくと間が悪かったようだ。ラジオの日曜クイズは一時間番組だと思っていたのだが、どうやら二時間らしい。ミュールターラーは花束をぞんざいにキッチンのテーブルに置くと、ラジオのそばの椅子に腰を下ろした。情報局の監視活動は終わったので、リビングは元の通りになっている。僕らは一度もここに来なかったというわけだ。

ミュールターラーは、鉛筆とメモ帳を手にじっと耳を傾けている。テーブルには大辞典、百科事典、雑誌等が何冊も開いて置かれている。コンピュータもなければインターネットもない。紙をめくって調べものをして、手がかりをつかんだらしい。解答を見つけ出そうと一心になっている。僕は、彼女の肩越しに、テーブルに置かれた一枚の紙片を見た。

「発想の転換」

最後に残った空欄に入るべき言葉を、僕はひねり出した。

「あっ、それそれ。当たりだわ。電話しなくちゃ。今回はあなたね。私、これまでにもう何度も賞品をもらったから」

ミュールターラーは番号を回してから、受話器を僕に差し出した。緑色のダイヤル式電話だ。呼出音が鳴っている。クイズの解答が書かれたメモを渡され、僕はそれを読んだ。

「正解でーす。では、お名前と賞品をお送りするご住所をお願いします」電話の声が言った。

「レオ・マルティン」と僕は言った。

それは嘘だった。これは僕の本名ではないのだから。

著者略歴

レオ・マルティン

1976年生まれ。法律行政専門大学で犯罪学を学んだのち、1998年から2008年までドイツ情報局に勤務し、犯罪組織の解明に従事する。最短時間で見ず知らずの人の心に入り込み、信頼関係を構築する独自の技術は最高レベルと評される。現在、有名コンサルティング会社に勤務し、人格形成と成功、コミュニケーション、人を楽しませるコツとユーモアをテーマに講演やセミナーで活躍。『元ドイツ情報局員が明かす 心に入り込む技術』（阪急コミュニケーションズ）は日本でもベストセラーになる。ミュンヘン在住。

訳者略歴

シドラ房子（しどら・ふさこ）

新潟県生まれ。武蔵野音楽大学卒業。翻訳家。主な訳書に『愛する家族がガンになったら』（講談社）、『名もなきアフリカの地で』（愛育社）、『病気が教えてくれる、病気の治し方』『運命には法則がある、幸福にはルールがある』『ヌードルの文化史』（以上、柏書房）、『縮みゆく記憶』『絵画鑑定家』（武田ランダムハウスジャパン）、『その一言が歴史を変えた』『元ドイツ情報局員が明かす 心に入り込む技術』（阪急コミュニケーションズ）などがある。

元《もと》ドイツ情報局員《じょうほうきょくいん》が明《あ》かす 心《こころ》を見透《みす》かす技術《ぎじゅつ》

2013年7月13日　初版発行

著者　レオ・マルティン
訳者　シドラ房子
発行者　五百井健至
発行所　株式会社阪急コミュニケーションズ
〒153-8541　東京都目黒区目黒1丁目24番12号
電話　03-5436-5721（販売）
03-5436-5735（編集）
振替　00110-4-131334

印刷・製本　大日本印刷株式会社

　ISBN978-4-484-13110-8